中国乡村旅游高质量发展：
居民参与、社区治理与多样化视角

HIGH-QUALITY DEVELOPMENT OF RURAL TOURISM IN CHINA:
RESIDENTS' PARTICIPATION, COMMUNITY GOVERNANCE, AND DIVERSE PERSPECTIVES

王金伟　等著

旅游教育出版社
·北京·

图书在版编目（CIP）数据

中国乡村旅游高质量发展：居民参与、社区治理与多样化视角 / 王金伟等著. -- 北京：旅游教育出版社，2023.10

ISBN 978-7-5637-4603-3

Ⅰ. ①中… Ⅱ. ①王… Ⅲ. ①乡村旅游－旅游业发展－研究－中国 Ⅳ. ①F592.3

中国国家版本馆CIP数据核字(2023)第194742号

中国乡村旅游高质量发展：居民参与、社区治理与多样化视角
王金伟　等著

责任编辑	陈志
出版单位	旅游教育出版社
地　　址	北京市朝阳区定福庄南里1号
邮　　编	100024
发行电话	（010）65778403　65728372　65767462（传真）
本社网址	www.tepcb.com
E - mail	tepfx@163.com
排版单位	北京旅教文化传播有限公司
印刷单位	北京虎彩文化传播有限公司
经销单位	新华书店
开　　本	787毫米 × 1092毫米　1/16
印　　张	10.25
字　　数	149千字
版　　次	2023年10月第1版
印　　次	2023年10月第1次印刷
定　　价	79.00元

（图书如有装订差错请与发行部联系）

前　言

党的二十大报告指出，全面建设社会主义现代化国家，最艰巨最繁重的任务仍然在农村。乡村旅游作为农村新的经济增长点，是贯彻落实乡村振兴战略的基本途径之一，是实现农民增收致富、解决"三农"问题的重要方式。乡村旅游的高质量发展能够有效推动乡村地区经济社会发展、延续乡土文化、实现乡村绿色持续发展。

近年来，我国乡村旅游产品供给不断优化、基础设施不断完善、服务质量不断提升、以农民为主体的利益联结机制不断健全，乡村旅游正迈向提质升级的快车道。乡村旅游越来越成为巩固脱贫攻坚成果同乡村振兴有效衔接、推动实现共同富裕的战略目标的重要力量，迎来了新的发展机遇与挑战。新时代背景下，如何加快实现乡村旅游的高质量发展从而带动乡村全面振兴，值得深入探讨。

本书立足于新时代背景下乡村旅游发展形势，系统梳理乡村旅游的研究历程与发展趋势，并对乡村旅游与社区治理、居民参与、粮食安全等的关系进行了深入研究。首先，绪论部分分析了乡村旅游的研究背景，阐述了乡村旅游研究的重要战略意义和现实意义。第一篇为多样化视角与时代使命，系统梳理了乡村旅游的研究脉络与趋势，并探究了共同富裕视角下乡村旅游高质量发展的时代使命和科学内涵，为未来创新研究及实践发展提供诸多启示。第二篇为旅游影响、地方身份建构与居民参与，聚焦于居民旅游扶贫效应感知、旅游扶贫参与意愿、居民地方身份建构及社区参与等多方面，逐步厘清居民对乡村旅游发展的感知、态度及其在社区参与旅游发展过程中所采取的行动。第三篇为效能结构、旅游增权与社区治理，探究乡村旅游发展的社区增权路径，并分析乡村旅游地社区治理绩效的影响因素及其组态路径，为实现乡村可持续发展和全面推进乡村治理体系和治理能力现代化建设提供决策参考。第四篇为粮食生产、粮食安全与可持续发展，探究了我国旅游发展水平与粮食生产效率两者耦合协调发展的时空分异特征及其影响因素，并对粮食安全和旅游业的关系进行分析，据此提出旅游业可持续发展的粮食安全目标和战略路径。

本书是在作者团队已发表学术文章的基础上整合、梳理而成。全书由北京第二外国语学院旅游科学学院王金伟副教授统筹主编，王灵恩、张赛茵、张丽艳、谢伶、李明龙、蓝浩洋、陈嘉菲、王国权、鹿广娟、雷婷、孙洁、张宏、袁佳欣、陈昕蕾、金梦迪、余得光等参与了相关内容的研究、撰写或调查。感谢北京第二外国语学院研究生院、科研处、旅游科学学院等部门的支持，同时感谢北京旅游发展研究基地、中国科学院地理科学与资源研究所、首都经济贸易大学、重庆广播电视大学、南开大学、北京市顺义区牛栏山镇人民政府、首创置业北京区域公司等机构（排名不分先后）的专家学者对本书的大力支持。感谢课题组每一位成员的努力。希望本书能为中国乡村旅游高质量发展尽一份绵薄之力。

本书在编写过程中借鉴了许多前人的研究成果，在此表示感谢。未来希望有更多的专家和学者加入乡村旅游领域，为实现中华民族伟大复兴的中国梦做出新的贡献。由于作者水平有限，书中不足之处在所难免，敬请各位专家和广大读者予以宝贵批评与建议。

作者

2023 年 8 月

目 录

绪 论
- 一、研究背景 ··········· 3
- 二、研究内容 ··········· 3
- 三、研究方法 ··········· 5
- 四、学术价值 ··········· 6

第一篇 多样化视角与时代使命

第1章 乡村旅游的研究历程与发展趋势 ··········· 11
- 1.1 研究缘起与问题提出 ··········· 11
- 1.2 数据来源与研究方法 ··········· 12
- 1.3 研究文献的基本情况 ··········· 12
- 1.4 研究主题与热点 ··········· 15
- 1.5 研究结论与未来展望 ··········· 22

第2章 共同富裕视域下的乡村旅游高质量发展 ··········· 24
- 2.1 研究问题提出 ··········· 24
- 2.2 共同富裕视域下乡村旅游高质量发展的科学内涵 ··········· 24

2.3 共同富裕视域下乡村旅游高质量发展的理论逻辑·················25
2.4 共同富裕视域下乡村旅游高质量发展的实现路径·················26

第二篇 旅游影响、地方身份建构与居民参与

第3章 乡村旅游情境下传统村落居民地方身份建构·················29
3.1 研究缘起与问题提出·················29
3.2 文献回顾·················30
3.3 研究设计·················33
3.4 研究分析·················38
3.5 结论与讨论·················43

第4章 社区居民旅游扶贫效应感知与参与意愿·················48
4.1 研究问题提出·················48
4.2 文献综述与研究假设·················49
4.3 研究设计·················57
4.4 结果分析·················58
4.5 结论与讨论·················69

第三篇 效能结构、旅游增权与社区治理

第5章 乡村旅游社区权能感知与增权机制·················75
5.1 研究缘起与问题提出·················75
5.2 理论基础与文献综述·················76
5.3 研究设计·················78
5.4 结果分析·················81
5.5 结论与讨论·················85

第6章 乡村旅游社区治理绩效影响因素及提升路径 ·········· 89
  6.1 研究缘起 ·········· 89
  6.2 研究方法与设计 ·········· 90
  6.3 数据分析 ·········· 95
  6.4 结论与讨论 ·········· 99

第四篇 粮食生产、粮食安全与可持续发展

第7章 旅游发展与粮食生产效率的耦合机制 ·········· 103
  7.1 研究问题提出 ·········· 103
  7.2 研究方法与数据来源 ·········· 105
  7.3 实证结果分析 ·········· 111
  7.4 结论与讨论 ·········· 121

第8章 粮食安全视域下旅游业可持续发展 ·········· 123
  8.1 研究问题提出 ·········· 123
  8.2 粮食安全：旅游业可持续发展的基石 ·········· 123
  8.3 旅游业可持续发展的粮食安全目标 ·········· 124
  8.4 旅游业可持续发展的粮食安全路径 ·········· 126

参考文献 ·········· 128

绪 论

一、研究背景

近年来，乡村旅游为巩固脱贫攻坚成果、促进共同富裕、实现乡村振兴提供了不竭动力源泉。党的二十大报告提出"全面推进乡村振兴"，强调"建设宜居宜业和美乡村"。2023年中央一号文件全面贯彻落实党的二十大报告战略部署，进一步提出了"扎实推进乡村发展、乡村建设、乡村治理等重点工作，加快建设农业强国，建设宜居宜业和美乡村，为全面建设社会主义现代化国家开好局起好步打下坚实基础"。随着乡村振兴战略的深入实施以及农业农村现代化的不断推进，乡村旅游日益成为推动乡村经济发展与产业转型升级的重要引擎。乡村旅游不仅是激发乡村新活力的一种产业形态，更是促进乡村产业化发展、增加农民收入、带动美丽乡村建设、助力农村人居环境改善的新途径。目前，我国已逐步进入旅游业高质量发展阶段，如何更好地满足人民个性化需求并平衡好乡村旅游发展与社区居民的民生福祉问题是目前的重要课题。基于此，本研究将运用多元研究方法，剖析社区居民在乡村旅游参与过程中的心理机制，探索乡村旅游地社区可持续发展的优化路径，梳理乡村旅游的学术脉络以及前沿热点，并从粮食生产效率的角度深入探究农业和旅游业的交叉融合，为催生乡村旅游高质量发展新动能并推进农业农村现代化提供理论保障和实践指导。

二、研究内容

本研究成果的主要内容包括乡村旅游的多样化视角与时代使命、居民感知与身份建构、社区旅游增权与治理绩效、粮食安全与可持续发展等。首先，研究成果系统梳理了国际乡村旅游研究的学术脉络与前沿热点，剖析了共同富裕视角下乡村旅游高质量发展的科学内涵和时代使命。而后，以乡村旅游中的社区居民为重点研究对象，研究了乡村旅游地居民扶贫效应感知对参与意愿的影响机制、乡村旅游地居民的地方身份构建等问题。在此基础上，从乡村旅游的社区机制研究出发，探讨了乡村旅游社区的旅游增权问题、乡村旅游社区治理的影响因素及路径。最后，本书对旅游发展与粮食安全进行了多角度探究。

具体研究内容，主要包括以下4个专题：

（一）研究专题1：乡村旅游的多样化视角与时代使命

（1）借助文献计量方法对国际乡村旅游研究的学术脉络与前沿热点进行可视化分析。研究发现，在文献分布上经历了起步、发展、成熟三阶段，在研究主题上包括居民认知与态度、游客行为特征、乡村旅游影响等6类，在研究热点上主要包括"影响""管理""乡村发展"等相关问题，在研究内容上经历了从以乡村旅游发展为中心到以乡村社会发展为核心的转变过程。（2）立足共同富裕战略目标对乡村旅游高质量发展的科学内涵、理论逻辑和实现路径进行了分析。研究核心观点是乡村旅游是乡村振兴的重要抓手。在新时代推动乡村旅游高质量发展对于实现共同富裕战略目标具有不可替代的重要意义。乡村旅游高质量发展应聚焦于产业升级与经济发展、文化振兴与文脉延续、生态保护与绿色发展。为有效促进乡村旅游高质量发展，未来应推动农村经济体制改革，助力产业融合；科技赋能乡村旅游发展，形成独特品牌；重视乡村旅游人才培育，打造专业人才队伍。

（二）研究专题Ⅱ：旅游影响、地方身份建构与居民参与

（1）分析乡村旅游介入下传统村落社区居民地方身份建构过程和内部激励，以及社区居民身份建构4个内容维度的具体表征。研究发现，乡村旅游介入对传统村落的影响体现在地方空间再造、生活方式转变、社会关系重建以及文化风俗嬗变4个方面；社区居民身份认同的表征呈现积极和消极影响的复杂性特征，且社区居民的身份认同影响其对旅游的感知和态度。（2）从居民旅游扶贫效应感知、主观幸福感、旅游扶贫参与意愿三者的关系出发构建研究模型，并通过问卷调查数据对其进行了验证。研究发现，社区居民对旅游扶贫感知的正效应高于负效应；旅游扶贫正效应对主观幸福感及旅游扶贫参与意愿具有显著正向影响，而社会文化负效应与生活环境负效应感知对主观幸福感具有显著负向影响；旅游从业经历在旅游扶贫经济正效应感知与主观幸福感的关系中起到显著的调节作用。

（三）研究专题Ⅲ：效能结构、旅游增权与社区治理

（1）通过案例分析对乡村旅游地社区居民的权力感知和旅游增权情况进行研究。研究发现，经济增权是最核心的维度，但后劲不足；居民对社会增权的感知表现为旅游对社区的凝聚作用，但社会去权不容忽视；居民对心理权能的感知表现为较高的文化自豪感和通过教育培训提升自身愿望，但心理增权尚显不足；社区在政治全能方面实现基本的居民自治，但也存在严重的政治去权现象。（2）对乡村旅游地社区治理绩效的影响因素和实现路径进行探讨。研究发现，社区资源配置是影响社区治理绩效的必要条件，社区价值构建和社区组织管理是社区治理绩效的重要核心条件。并且认为可以从价值构建驱动、权力组织驱动和多要素综合驱动3条路径实现绩效提升。

(四）研究专题Ⅳ：粮食生产、粮食安全与可持续发展

（1）借助 DEA-CCR 模型、耦合协调模型、地理探测器等探讨中国粮食生产效率与旅游发展时空耦合协调演化特征及其影响机制。研究表明，中国粮食生产效率与旅游产业发展水平均呈现出随时间推移而波动上升的态势，同时两者在区域间存在较为明显的不均衡现象；粮食生产效率与旅游业发展水平呈现高度的耦合相关，两者的耦合协调关系经历了从"初级耦合协调"到"中级耦合协调"的演变，在空间上呈现出"东高西低"的差异化特征；中国粮食生产效率与旅游业发展水平的耦合协调状态具有较高的稳定性，短期内难以实现耦合协调类型的跃迁；区域经济发展水平（GDP）和第三产业劳动力（从业人数）是影响粮食生产效率与旅游产业耦合协调关系的核心驱动要素。（2）立足联合国可持续发展目标框架（SDGs），对粮食安全和旅游业的关系进行分析，并据此提出旅游业可持续发展的粮食安全目标和战略路径。核心观点是粮食安全是旅游业可持续发展的基石，一方面粮食安全是旅游业可持续发展的物质基础，另一方面粮食安全是旅游产业品质提升的关键所在；耕地保护、粮食节约、食品安全和居民温饱是旅游业可持续发展的粮食安全目标；未来应牢固树立粮食安全意识、积极完善体制机制建设，全面提升粮食质量安全和创新旅游产业节粮模式，为全人类通过综合方式彻底解决社会、经济和环境3个维度的可持续发展问题贡献"旅游"智慧。

三、研究方法

（一）文献研究法

通过国内外相关学术数据库查阅和搜集了大量文献资料，对乡村旅游、社区参与、旅游增权、社区居民感知、地方身份认同等相关政策、研究现状与理论基础进行了梳理和总结，并借助计量软件对大量文献进行梳理，以期了解国际乡村旅游研究的学术脉络与前沿热点，为进一步明晰研究的问题与思路奠定良好基础。

（二）深度访谈法

在对相关主题的研究中设计了访谈提纲并对游客、居民及其他利益相关者等进行了深度访谈。通过采用个体深度访谈以及小组焦点访谈的方式，围绕社区增权、社会参与、地方身份认同等方面，对社区居民等进行半结构式访谈，获取丰富的样本数据。

（三）问卷调查法

采用问卷调查法进行数据收集。调研依赖于量表的内容和结构设计，即通过书面形式直接获取一手的研究材料。首先在国内外相关构念的研究基础上进行问卷设计，再根据预调研的情况进行问卷的修正，形成最终的问卷。然后发放正式问卷并回收、处理问卷以获取一手数据，为验证研究所构建的模型及假设做好数据准备。

（四）数理统计法

通过 GIS 空间分析法、数据包络分析法、熵值法等对获取的资料和数据进行科学分析，以探讨不同系统之间的耦合协调演化特征及影响机制。主要内容涉及全国31个省（市、自治区）（不含港澳台地区）的粮食生产、旅游产业发展等方面的相关数据和内容的统计分析。

（五）定性比较分析法

运用定性比较分析法（QCA），将案例视为具有一系列特征的组态，依据特定情境和组态组合路径，对条件变量和结果变量之间的因果关系进行分析。同时，通过与案例"对话"进行深入的分析和对比。使用该方法可以有效探寻出影响乡村旅游地社区治理绩效的前因条件组合，并挖掘出影响社区治理绩效的多条路径，达到研究目的。

四、学术价值

本研究成果的学术价值主要包括以下方面：

（一）系统呈现乡村旅游研究的知识脉络和演化规律

乡村旅游是世界各国欠发达地区解决贫困问题的重要突破口，引起了国内外学术界的广泛关注。但是与国外相比，国内相关研究还存在明显差距，缺乏多层次探索。通过对国际乡村旅游脉络的梳理，可以为国内相关研究及实践发展提供诸多启示。

（二）揭示乡村旅游扶贫及社区参与的复杂影响机制

本书立足于"个体"视角，为深入认识微观情境下乡村旅游扶贫效应及其影响机制提供了一个新的视角。同时，通过案例研究厘清了旅游背景下居民地方身份建构的复杂性，在一定程度上充实了旅游社区参与的研究，丰富了传统村落发展和活化相关研究的思路。

（三）丰富乡村旅游社区增权和社区治理的学术研究

当前，基于居民感知视角的乡村旅游社区增权问题尚未引起普遍关注，同时基于区域发展（乡村振兴）视角的社区治理模式和路径也有待进一步明晰。通过本研究进一步拓展增权和社区治理的理论研究，并为我国乡村振兴战略的实施和推进提供决策参考。

（四）厘清旅游发展与粮食安全之间的耦合协调关系

本书对中国粮食生产效率与旅游业发展耦合协调机制及时空分异特征进行了探索性研究，能够在一定程度上丰富农业地理、粮食生产与旅游地理等领域的相关研究，有助于进一步加深对粮食生产与旅游产业发展之间有机关系的认识。

第一篇

多样化视角与时代使命

第1章 乡村旅游的研究历程与发展趋势

1.1 研究缘起与问题提出

乡村旅游是依托农村旅游资源带动旅游产业发展、服务城市居民、提高城乡生活质量、促进乡村地区社会经济全面发展的助推器（郑群明，2011；王金伟和孙爽，2019）。对于相关地区而言，它具有带动经济发展、创造就业机会、促进社会进步等优势和潜力；而对于游客来说，乡村旅游则能满足其对农耕活动、传统文化、地方美食、康疗养生、趣味休闲等不同形式的旅游体验（王蓉等，2019）。有鉴于此，近年来乡村旅游在世界范围内得到长足发展，并被诸多国际组织所倡导和推广，已成为旅游业中不可替代的重要产业部门（Gannon，1994）。

与此同时，乡村旅游也日益受到学术界的广泛关注。学者们对乡村旅游相关研究进行了系统梳理和分析，这对于把握其研究进展具有重要意义。何景明对国际乡村旅游的发展背景及研究焦点进行了系统透视（何景明，2003）。王素洁和刘海英（2007）对国际乡村旅游研究的主要内容进行了系统梳理。相比而言，国际上关于乡村旅游的综述研究更具有针对性。例如，Kadi等（2014）对乡村遗产旅游目的地研究的内容和方法进行了系统梳理。但是，纵观现有相关综述研究成果可以发现，它们多以定性分析和内容解析等传统文献综述法为主，具有一定的主观性，难以系统呈现乡村旅游研究的发展脉络和知识演化规律。

随着科学计量学与信息技术的迅速发展，通过知识图谱进行可视化分析已成为新兴的文献整理方式。CiteSpace 和 VOSviewer 是目前国际上最为流行的两款文献计量分析工具，已被广泛应用于多个研究领域（颜子明等，2018；高云峰等，2018）。在旅游研究中，文献计量法也应用甚广。魏红妮和朱竑（2018）基于国外权威旅游期刊数据，对旅游研究中的学术动态进行了可视化分析。安传艳等（2018）基于可视化图谱对1992—2016年间中国乡村旅游研究的特点与知识脉络进行了研究。可以发现，CiteSpace 和 VOSviewer 软件以知识图谱形式呈现知识领域的演化规律，可以有效避免传统定性综述方法的不足。然而，它们却在国际乡村旅游研究领域鲜有人涉及。因此，本文将综合利用 CiteSpace 和 VOSviewer 软件对国际乡村旅游研究的权威文献进行可视化分析，以期为该领域的学术研究及其实践工作提供借鉴和参考。

1.2 数据来源与研究方法

为全面了解乡村旅游的研究进展，本研究使用"乡村旅游（rural tourism）"作为关键词在 Web of Science（WOS）核心合集（引文索引）数据库进行主题检索，时间设置为"1977—2020 年"，检索得到3157篇文献（检索截止日期：2021年1月16日）。而后，将文献的"全纪录与引用的参考文献"以对应格式导出备用。去掉重复以及与主题不相关的数据后，共得到3123条有效数据。

CiteSpace 和 VOSviewer 是基于文献计量方法的可视化软件，能够在分析知识领域的演化脉络和知识结构方面展现出独特的优势（李杰和陈超美，2017；Van and Waltman，2009）。考虑到上述两种软件的独特功能，本文将分别利用 CiteSpace 软件的合作网络分析、期刊 Overlay 和关键词共现分析功能，以及 VOSviewer 的文献索引功能对国际乡村旅游研究的相关数据进行可视化解析，并结合传统文献综述法详细解读关键文献，以揭示国际乡村旅游研究的学术脉络与前沿热点。

1.3 研究文献的基本情况

1.3.1 年度分布

样本文献的年度数量分布如图1-1所示。在1977—2020年间，乡村旅游研究发文数量呈现稳定增长趋势，经历了"起步—发展—成熟"三个阶段。1977—2000年为起步阶段，时间跨度长但是年均发文量较少，仅有少量学者关注到该领域；2001—2007年为发展阶段，发文数量逐步增加，但增速较为缓慢，说明相关研究开始吸引更多学者的关注和重视；2008—2020年为成熟阶段，发文数量增长迅速，并于2020年达到顶峰，全年发文量为500篇，2018年发文量和2017年相比数量持平，说明近10年来该领域研究热度和受重视程度急剧上升，并于2020年达到高潮。

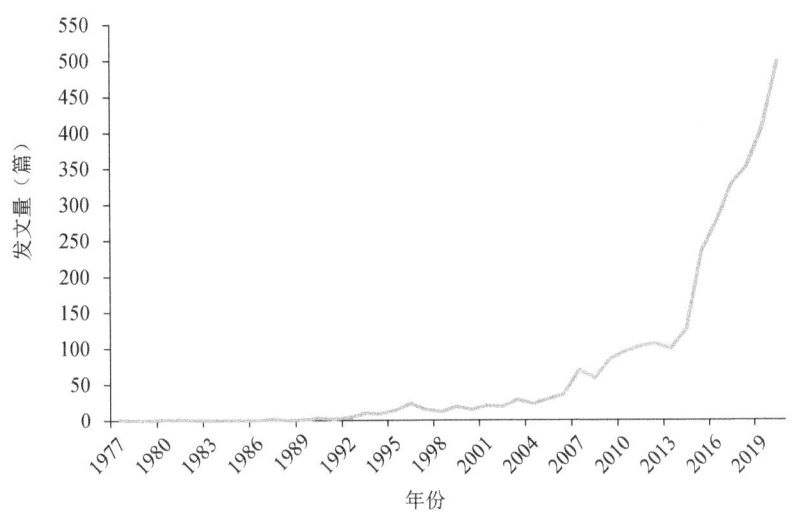

图1-1 国际乡村旅游研究文献数量分布图

1.3.2 期刊双叠加分析

期刊双叠加分析结果，如图1-2所示。可以发现，国际乡村旅游领域形成了两个核心的引证群落，分别为：(1)经济学、政治学等；(2)心理学、教育学、健康科学等。上述两个领域表现出较强的内部引证关系。同时，国际乡村旅游还存在着一些较为显著的交叉引用关系，例如：经济学—政治学与生态学—地球学领域的交叉互引。不难发现，国际乡村旅游研究是一个以经济、政治、心理、教育、健康等为核心，广泛涉及生态、地理等学科领域的知识群落。同时，该领域的知识跨度较广，且表现出一定的知识外溢效应。

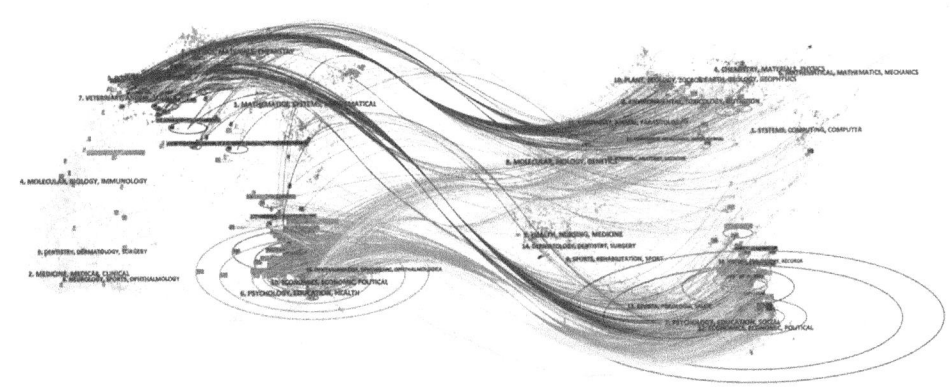

图1-2 国际乡村旅游研究期刊双叠加结果图谱

1.3.3 研究力量

1. 研究作者

利用CiteSpace进行合作网络分析得到图1-3。图中有456个节点,表明国际从事乡村领域研究的人数较多。发文量在5篇及以上的有26人。其中,Pena(Ana Isabel Polo Pena)和Barbieri(Carla Barbieri)发文量最多,均为13篇。其次为Jamilena(Dolores Maria Frias Jamilena),发文量为11篇。发文量10篇的有Kastenholz(Elisabeth Kastenholz)和Petrovic(Marko D Petrovic)。同时,图中还呈现出散点分布状态,连线短而细,仅出现了小的合作丛,说明少许研究者之间存在合作关系。最大的合作网络是以Petrovic为中心组成的多人合作团队。

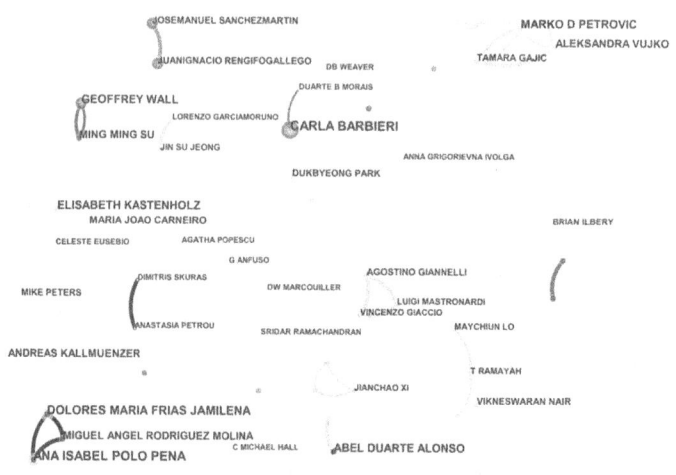

图1-3 国际乡村旅游研究作者合作网络图谱

2. 研究机构

从研究机构合作图谱(图1-4)中可以发现,最突出的节点是中国科学院,发文量为54篇。其次是西班牙埃斯特雷马杜拉大学,发文量为33篇。此外,发文量在20篇以上的有加拿大滑铁卢大学(25篇)、中国香港理工大学(24篇)、葡萄牙阿威罗大学(24篇),这些院校在该领域具有较强的科研实力和影响力。图中连线呈现少、短、细的特征,出现了局部聚集状态,说明研究机构分布较为集中。此外,图中还形成了小的聚集丛,说明机构间存在少量合作关系。总体来看,国际乡村旅游研究机构较多,但尚未形成跨国家和地区的大型机构合作群体。

图1-4 国际乡村旅游研究机构合作网络图谱

3.研究国家(地区)

从国家(地区)合作网络图谱,可以发现,节点分布不甚均匀,其中最大的节点是美国,发文量高达472篇。这表明美国奠定了乡村旅游研究的基础,对推动乡村旅游研究发挥了重要作用。而中国(377篇)、西班牙(268篇)和英国(210篇)3个国家的发文量均在200篇以上,在乡村旅游研究领域具有重要地位。发文量在100篇及以上的国家还有澳大利亚(189篇)、意大利(183篇)、加拿大(143篇)、罗马尼亚(107篇),这得益于上述国家随着乡村旅游的发展,为其学术研究提供了大量鲜活的案例,从而研究成果数量可观。此外,葡萄牙、挪威、南非等16个国家的发文量也在50篇以上。可见,乡村旅游研究在空间上分布非常广泛,已吸引了多个国家(地区)学术群体的关注。

1.4 研究主题与热点

1.4.1 研究主题

将面板数据导入VOSviewer软件进行文献索引分析,引用下限设置为50,有217条文献,得到乡村旅游研究文献索引网络图谱(图1-5)。图中相同颜色的节点代表相同的聚类主题,结合文献聚类信息并进一步查阅相关文献,可将研究主题归纳为以下6类:

1. 居民认知与态度

学者们关于乡村旅游地居民认知与态度，主要采用社会交换理论、旅游地生命周期理论、旅游依托度理论等展开深入研究。例如，Li 等（2020）调查了社区居民对乡村旅游发展的态度，发现其普遍对乡村旅游持积极态度并愿意参与到乡村旅游发展建设之中。而 Mason 等（2000）却发现居民对乡村旅游的影响感知，针对不同维度存在不同看法。其中，积极影响包括改善基础设施、创造就业机会以及促进经济发展等方面，感知到的负面影响包括交通拥堵、环境污染、噪声增加等方面。与此同时，Johnson 等（1994）以由采掘业向新兴旅游业转型的乡村为例，发现居民最初对旅游业的发展抱有很高期望，但随着时间推移，支持率有所下降。学者们还发现，社区居民对乡村旅游的感知和态度受个人对旅游的依赖度、参与程度和人口学特征的影响，同时也与当地乡村旅游发展现状密切相关（Byrd et al., 2009; Smith & Krannich, 1998）。

2. 游客行为特征

游客是旅游活动的主体，通过旅游行为特征的研究可为乡村旅游发展实践提供理论支撑。学界对乡村旅游行为特征的研究，主要集中在游客市场细分、旅游动机与偏好、服务质量的感知与满意度等方面。Rid 等（2014）发现冈比亚地区的旅游群体可分为遗产和自然探索者、多体验探索者、多体验和海滩探索者以及阳光和海滩探索者。Konu 等（2011）根据游客对滑雪目的地的选择属性，将芬兰滑雪游客进行细分为被动游客、越野滑雪者、运动寻求者和休闲寻求者等 6 个不同的群体。而 Park 等（2009）根据游客动机，将游客分为家庭团聚寻求者、被动旅游者、全部欲望寻求者、学习和兴奋寻求者等群体。与此同时，Pan 等（2021）对中国老年人的养老模式进行了调查研究，发现部分老年人趋向于选择乡村作为养老地。Frochot（2005）发现"乡村性"在各细分市场中并不重要，大多数游客实际上在度假行为上相当"不正式"，对乡村生活方式的兴趣有限。此外，学者们还发现在乡村旅游者的重游意向与目的地形象、旅游动机和回访意向之间存在重要关系（Li et al., 2010）。可以发现，游客心理和行为特征已成为国际乡村旅游研究的重要内容，并在具体的研究领域不断拓展和深化。

3. 乡村旅游的影响

在乡村旅游的影响方面，学者们从宏观和微观角度对其进行了研究。其中，宏观方面，多聚焦于乡村旅游对区域经济、社会文化、环境等方面的影响。研究发现，我国乡村旅游的发展不仅可以带动生态文明建设、探索乡村发展的新路径，还能促进多个产业的融合发展（Liu & Liu，2020）。例如，Farsani 等（2011）提出地质公园作为保护自然和地质遗产的创新，可以创造新的就业机会、提高居民收入、带动相关产业发展。微观方面，相关研究多聚焦于乡村旅游对当地社会生活及其相关方面的影响。Mbaiwa（2005）通过对飞地旅游及其社会经济影响进行研究，提出需要采取切实的发展战略和保障措施，以确保乡村旅游对当地的经济外溢和包容性发展。总之，乡村旅游会对旅游地的经济、社会文化及环境等诸多方面产生重要影响。这种影响正不断吸引学者们的关注。

4. 乡村旅游模式

世界各地依托当地资源，因地制宜推出了农业旅游、美食旅游、文化旅游等不同的发展模式。学者们则基于不同案例地，对当地乡村旅游的独特价值进行了细致分析。农业旅游是一种围绕"农业"展开的文化性和情感性的体验活动，它们中的一些独特活动类型和发展模式成为学者们关注的热点（Gill et al.，2013）。与此同时，在农村经济转型、农业生产多样化的背景下，美食旅游也得到诸多学者的关注（Everett & Aitchison，2008；Jacinthe，1998）。此外，一些特殊的旅游发展模式也引起了学者们的关注。例如，加拿大阿卡迪亚地区（French Acadian region）的文化遗产旅游作为乡村旅游的特色，吸引了大量游客并促进了当地社会经济发展（Macdonald & Jolliffe，2003）。总的来看，乡村旅游地区依托当地资源和旅游优势形成了独具特色的旅游发展模式，对于不同案例地的深入研究可为相关地区乡村旅游发展提供借鉴。

5. 可持续发展

乡村旅游的可持续发展，是近年来学者们关注的热点话题。Blancas 等（2003）将可持续性指标引入乡村旅游发展之中，通过目的地特征化与比较、基准实践的定义和量化以实现可持续旅游的发展目标。Saxena 和 Libery（2008）认为综合性乡村旅游应具有"嵌入性""非嵌入性""内生性"和"赋权性"等特征才能保证可持续性发展。Panzer-Krause（2020）通过对北爱尔兰乡村进行研究，发现散客、团体游客等不同类型的游客会对乡村旅游热点区域的可持续性发展产生不同的影响。也有学者认为乡村旅游应朝多元化方向发展，并应努力留住农民，吸引新生力量进入，促进区域发展（Hjalager，1996）。Weaver（1997）提出可通过改善与邻近公共空间的联系、生态旅游培训、促进与政府的对话、建立运营商"联盟"，以及扩大经营规模等方式实现乡村旅游多元化发展。而 Briedenhann 和 Wiken（2004）认为，景点建设、路线规划、区域合作、社区参与及公共部门的支持是乡村旅游可持续发展的保证。此外，学者们还强调乡村旅游应注重利益相关者的相互合作、社区增权、社区参与、加强地方文化建设等方面，以实现其持续、健康发展（Carlisle et al.，2013；King & Stewart，1996；Ioannides，1995；Kajanus et al.，2004）。

6. 乡村旅游资本

资本作为乡村旅游发展的重要依托，是相关研究的聚焦所在。Garrod 等（2006）将农村资源重新概念化为农村旅游业的一种"资本资产"。在社会资本方面，Li 和 Wang 等（2020）研究发现，不同类型的社会资本对乡村旅游发展的促进程度不同，其中整合型社会资本对乡村旅游的促进作用最为显著。同时，Berkel 和 Verburg（2011）在评价农村发展能力时，运用地域资本的概念来考虑空间特征，以确定在集约农业、非农业就业、乡村旅游和保护方面具有发展能力的区域，并建议采取多元化的措施以提高政策效率。此外，Park 等（2012）研究发现，同时经营农家乐业务和旅游项目的果蔬稻农社会化程度最高，进一步建议通过增强旅游社区参与的方式来增加社会资本和管理社区冲突。总之，不同类型资本在乡村旅游中的功能和影响不同，基于此视角对乡村旅游发展进行深入研究，可为设计和评估相关政策提供理论支持。

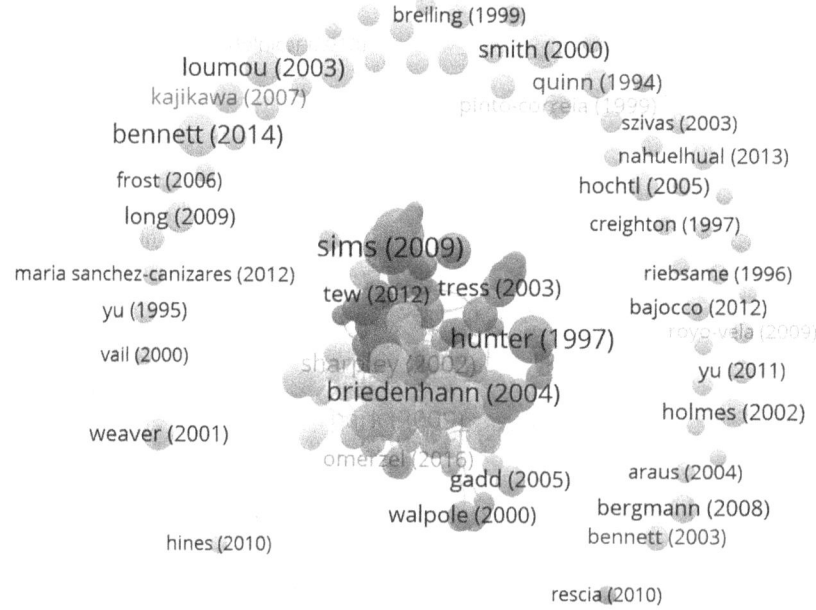

图 1-5 国际乡村旅游研究文献索引网络图谱

1.4.2 研究热点

对样本数据进行关键词共现分析得到图1-6。同时，进一步对出现频次在50以上的关键词统计得到表1-1。除了"乡村旅游"（因被设置为检索词）和"旅游"外，出现频次最高的关键词是"影响"（频次：271），其次是"管理"（频次：265）。此外，"乡村发展""保护""社区""感知""可持续性""中国""模型""生态旅游""态度""地区""景观""动机""农业旅游""农业""政策""满意度""目的地""可持续发展""乡村地区""可持续旅游""遗产"等关键词的出现频次在100以上，可见相关主题研究是乡村旅游研究的重要热点。

结合关键词年度分布特征，可以将研究热点做如下阶段性剖析：

第一阶段（1977—2000年），萌芽期时间跨度长，直到1990年才出现热点词"旅游""农业""生态旅游"等热点词，继而"管理""保护""感知""政策"等热点词也相继出现。20世纪中后叶，随着乡村旅游在世界范围内的广泛推广，其逐渐成为学术界研究的热点，吸引了学者们的广泛关注。相关研究聚焦于乡村旅游的发展对策、居民认知和态度、乡村旅游的环境影响等方面。但是由于本阶段尚处于萌芽期，相关研究领域较为浅狭，研究热点较为集中。

第二阶段（2001—2007年），发展期出现了"中国""景观""可持续性""农业旅游""动机""满意度""乡村地区"等高频词。Hall等（2005）于2005年出版了 *Rural Tourism and Sustainable Business* 一书，详细论述了奥地利、加拿大、美国、英国等地的乡村旅游发展历程和成功经验，成为该阶段较为重要的一部著述。此外，该阶段研究视角从居民拓展到社区甚至某一区域，研究对象延伸到乡村旅游中的农业问题、景观研究等，研究热点更为广泛、视角更为多元。

第三阶段（2008—2020年），成熟期热点词数量有所减少，主要有"观点""可持续旅游""管理""目的地"等。其中，"中国"是本阶段的一个重要研究热点，说明随着中国乡村旅游的蓬勃发展，丰富的研究案例和大量研究成果逐渐走进国际视野，在国际学术界占有重要地位。纵观本阶段的研究，可以发现其研究热点主要集中在旅游发展路径、基于不同身份旅游者群体的研究等方面，研究内容更为细化和深化。

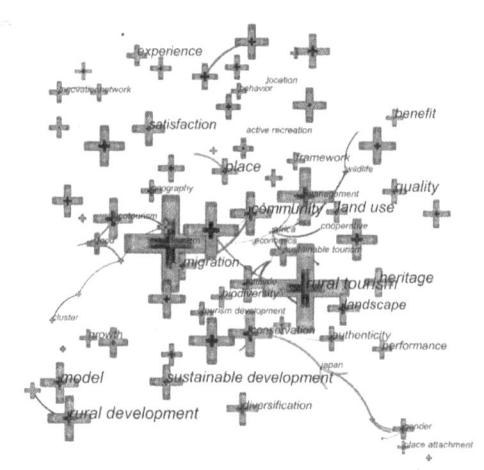

图 1-6 国际乡村旅游研究关键词共现图谱

表 1-1 国际乡村旅游研究高频关键词信息表（50次以上）

时段	年份	关键词	频次
1990—2000	1990	tourism（旅游）	746
	1990	protected area（保护区）	72
	1990	national park（国家公园）	55
	1991	attitude（态度）	148
	1992	ecotourism（生态旅游）	149
	1992	agriculture（农业）	121
	1993	management（管理）	265
	1993	conservation（保护）	187
	1993	perception（感知）	184
	1993	area（地区）	148
	1993	policy（政策）	120
	1993	heritage（遗产）	100
	1993	place（地方）	88
	1993	authenticity（原真性）	84
	1994	impact（影响）	271
	1995	sustainable development（可持续发展）	117

续表

时段	年份	关键词	频次
1990—2000	1995	gender（性别）	61
	1996	rural tourism（乡村旅游）	737
	1996	community（社区）	185
	1996	biodiversity（生物多样性）	57
	1997	rural development（乡村发展）	197
	1997	model（模型）	154
	1997	migration（迁移）	86
	1997	environment（环境）	62
	1998	diversification（多样性）	97
	1998	experience（体验）	94
	1998	identity（身份）	82
	1998	network（网络）	59
	1999	land use（土地使用）	64
	1999	geography（地理）	61
	2000	growth（增长）	64
	2000	benefit（优势）	59
2001—2007	2002	China（中国）	160
	2004	culture（文化）	58
	2005	landscape（景观）	129
	2005	entrepreneurship（企业家精神）	84
	2006	sustainability（可持续性）	163
	2006	agritourism（农业旅游）	126
	2006	quality（质量）	81
	2006	region（行政区）	51
	2007	motivation（动机）	127
	2007	satisfaction（满意度）	119
	2007	rural area（乡村地区）	117

续表

时段	年份	关键词	频次
2008—2020	2008	perspective（观点）	97
	2008	tourism development（旅游发展）	74
	2008	performance（表演）	71
	2008	participation（参与）	65
	2008	food（食物）	58
	2008	behavior（行为）	56
	2009	sustainable tourism（可持续旅游）	107
	2009	governance（管理）	85
	2009	segmentation（细分）	62
	2009	rural（乡村）	53
	2010	destination（目的地）	118
	2011	innovation（创新）	67
	2011	framework（结构）	64
	2012	strategy（战略）	62

1.5 研究结论与未来展望

1.5.1 研究结论

本文以 WOS 中的 3123 篇相关文献作为样本，综合利用 CiteSpace 和 VOSviewer 软件的可视化图谱功能，并结合传统的文献分析法对关键文献进行系统梳理，揭示了国际乡村旅游研究领域的前沿脉络和研究热点。结果发现：

（1）从文献分布来看，国际乡村旅游研究发文数量呈现稳定增长趋势，经历了"起步—发展—成熟"三个阶段。文献间形成了两个核心的引证群落，表现出较强的内部引证关系和显著的交叉引用关系。

（2）从研究力量来看，发文量最多的是 Pena 和 Barbieri。作者间仅出现了小的合作丛，最大的合作网络是以 Petrovic 为中心组成的多人合作团队。研究机构分布较为密集，机构间存在少量合作关系。中国科学院发文量最多，在该领域有较强的科研实力和影响力。在空间上研究力量分布广泛，有 75 个国家涉猎乡村旅游研究，发文量最多的是美国。

（3）从研究主题来看，主要包括居民认知与态度、游客行为特征、乡村旅游影响、乡村旅游发展模式、可持续发展和乡村旅游资本6类。国际乡村旅游研究内容不仅包括社区居民以及乡村旅游地的发展，也广泛包括乡村旅游的宏微观影响以及游客行为特征和旅游市场细分，研究视角多元。

（4）从研究热点来看，出现频次较高的关键词是"影响""管理""乡村发展""保护""社区""感知"，相关主题研究是国际乡村旅游研究的重要热点。从时间上来看，研究热点经历了一个从关注居民到关注乡村旅游地的多元主体、从研究乡村旅游发展到关注乡村社会发展的一个转变。

1.5.2 未来展望

乡村旅游是世界各国欠发达地区解决贫困问题的重要突破口，引起了国内外学术界的广泛关注。但是与国外相比，国内相关研究还存在明显差距，缺乏多层次探索。通过对国际乡村旅游脉络的梳理，可以为国内相关研究及实践发展提供诸多启示。

（1）理论启示：一方面，加强基础理论研究，构建本土化研究范式。国际乡村旅游研究以西方研究范式为主导，但乡村旅游作为一个复杂的综合体，受到诸多政治、经济、文化等方面因素的影响，具有较为明显的区域（或国别）差异。因此，我国乡村旅游研究，应立足本土情境，力图构建符合中国国情的本土理论体系。另一方面，注重学科交叉，进行跨学科、多领域融合研究。乡村旅游研究内容涉及多个学科、诸多领域，国际学术界较为重视多学科交叉应用和多领域融合，研究的广度和深度不断延伸。未来，中国乡村旅游的学术研究应广泛借鉴相关传统学科的理论方法，拓展研究领域，深化研究主题，进行多维化融合研究。

（2）实践启示：一方面因地制宜，积极探索可持续发展模式。从国际相关研究可以发现，乡村旅游的发展都是建立在各地区（国家）独特的社会文化和经济基础之上的。因此，为了持续推进我国乡村旅游的健康发展，也应该立足于国内各区域的发展实际，探索适用于本地区的发展模式。另一方面统筹兼顾，充分提升居民的可持续生计能力，把当地居民的利益作为管理和决策的出发点，通过旅游参与切实保障当地居民的决策权和利益分配权，充分发挥乡村旅游的强区富民功能。

第2章 共同富裕视域下的乡村旅游高质量发展

2.1 研究问题提出

2023年中央一号文件指出："必须坚持不懈把解决好"三农"问题作为全党工作重中之重，举全党全社会之力全面推进乡村振兴，加快农业农村现代化。"乡村振兴战略是实现共同富裕的必由之路，为农业农村现代化提供了坚实有力的支撑。乡村旅游作为农村新的经济增长点，是贯彻落实乡村振兴战略的基本途径之一。乡村旅游的高质量发展能够有效推动乡村地区经济社会发展、乡土文化延续、实现乡村绿色持续发展。基于此，笔者在剖析共同富裕视域下乡村旅游高质量发展科学内涵的基础上，探讨乡村旅游高质量发展的理论逻辑和实现路径。

2.2 共同富裕视域下乡村旅游高质量发展的科学内涵

2.2.1 加快产业升级、提升经济效益是乡村旅游高质量发展的应有之义

党的十八大以来，乡村旅游发展规模不断扩大，成为农民实现增收致富的新渠道。深入贯彻实施乡村振兴战略，推动乡村旅游高质量发展，应进一步发挥旅游业在产业结构升级和经济增长驱动方面的作用。一方面，推动产业结构不断优化，深化旅游业与农业的融合发展，优化产业布局，实现产业转型升级，以多元化的产业体系筑牢共同富裕的根基；另一方面，坚持科技创新赋能，加快培育乡村旅游新业态、新模式，扎实推进乡村旅游经济效益稳步提升，缩小城乡收入差距，提高农村居民的生活水平，促进社会公平。

2.2.2 推进文化振兴、延续历史文脉是乡村旅游高质量发展的内在要求

物质文明建设和精神文明建设相辅相成。物质富裕是精神富足的基础，能够为精神文明建设提供物质条件；反过来看，更高水平的精神文明建设，可以为物质文明建设提供动力和保障。乡村旅游实现高质量发展不仅要发展乡村经济，更要振兴乡村文化、延续乡村文脉。持续推进文化保护与旅游发展深度融合是乡村旅游高质量发展的内在要求。一方面，加强乡村文化的保护与传承，坚持"保护为主，合理开发"的原则，实现文化资源开发与活化利用的有效平衡；另一方面，运用多样化的方式创新乡

村文旅产品供给，用文创产品讲好乡村故事。只有重视挖掘乡村的独特文化，用乡村文化凝神聚力，才能实现乡村旅游产业的持续健康发展。

2.2.3 保护生态环境、实现绿色发展是乡村旅游高质量发展的必然之举

党的十八大以来，党中央、国务院大力推动生态文明建设和生态环境保护，从认识到实践发生了历史性、转折性、全局性变化。乡村旅游是促进生态文明建设的重要载体，在未来的发展中必须牢固树立"绿水青山就是金山银山"的生态理念，加大对乡村地区生态环境的保护力度。一方面，乡村生态是乡村旅游发展的关键资源。各地在乡村旅游高质量发展过程中要用良好的生态环境助力乡村旅游高质量发展。另一方面，生态文明建设也是共同富裕的内在属性，在乡村旅游推动乡村富起来的同时，我们更要重视保护"生态财富"，杜绝生态建设为经济建设"让路"的现象，实现乡村旅游绿色的低碳发展，助力实现"双碳"目标。

2.3 共同富裕视域下乡村旅游高质量发展的理论逻辑

2.3.1 拉动区域经济增长是乡村旅游高质量发展的逻辑基础

当前，我国城乡区域发展和收入分配差距仍较大。推动乡村经济发展是实现共同富裕的必然举措。一方面，乡村旅游作为乡村新的经济增长点，有助于推动乡村各产业的融合发展，延长产业链，拓宽农产品销售渠道；另一方面，乡村旅游能够通过打造新模式、培育新业态带动乡村经济可持续发展，促进农民持续稳定增收。通过发展乡村旅游拉动乡村经济增长，夯实乡村经济基础，是未来乡村旅游高质量发展的重要目标和逻辑基础。

2.3.2 人民美好生活需求是乡村旅游高质量发展的逻辑导向

习近平总书记在党的十九大报告中明确指出："中国特色社会主义进入新时代，我国社会主要矛盾已经转化为人民日益增长的美好生活需要和不平衡不充分的发展之间的矛盾。"如何满足人民对美好生活的需要和向往是乡村旅游高质量发展需要解决的关键问题。一方面，乡村旅游的发展能够推动乡村基础设施建设进一步完善，乡村人居环境得到优化，乡村乡土文化得以延续，这在一定程度上满足了当地居民对美好生活的向往；另一方面，乡村旅游为城市居民提供了身心休憩的场所，成为城市居民回归乡野、体验不同生活的重要选择。乡村旅游高质量发展逐渐成为满足人民美好生活需要的关键一环。

2.3.3 文化、旅游深度融合是乡村旅游高质量发展的逻辑支撑

近年来，国家高度重视文化和旅游的深度融合，并逐渐将"旅游"打造成讲好中

国故事、传播中国声音的重要渠道。乡村孕育了我国文明发展的根基，承载着丰富的乡土文化。保护、利用、传承乡村文化，将乡村文化融入乡村旅游发展的全过程，是未来乡村旅游高质量发展的趋势和导向。而当前"千村一面"的同质化问题影响了乡村旅游的高质量发展。因此，深入挖掘乡村独特的历史文化、重塑乡村"地格"，将质朴的乡土文化转为独特的旅游资源和产品是未来乡村旅游高质量发展的着眼点、落脚点和支撑点。

2.4 共同富裕视域下乡村旅游高质量发展的实现路径

2.4.1 深化农村产业体制改革，健全乡村旅游发展机制

第一，加强顶层设计和统筹规划，落实乡村旅游发展主体责任，做到责任到人，提升基层治理体系和治理能力现代化水平，服务乡村旅游高质量发展。第二，推动供给侧结构性改革，深化农业产业融合发展，创新乡村旅游产品供给，释放乡村旅游消费需求，全面提升乡村旅游目的地品质。第三，建立健全乡村旅游收入分配机制，重视初次分配和再分配的公平性，保障农民合法权益，推动实现农民收入来源多渠道、收入水平稳增长、收入效益可持续。

2.4.2 科技赋能乡村旅游发展，打造乡村旅游特色品牌

第一，将现代高新技术引入乡村旅游建设中，打造数字化、智慧化的乡村旅游综合管理平台。从景区建设、游客管理、游客互动、基础设施等方面推进落实乡村旅游数字化，实现服务、管理、营销等多级一体化数字支持。第二，加强大数据、VR/AR、人工智能等现代科技运用，因地制宜推出"非遗+科技+旅游"新模式，打造独具特色的沉浸式乡村文旅体验新场景，提升乡村旅游的品牌吸引力和竞争力。第三，顺应移动互联网发展趋势，利用新媒体社交平台拓宽宣传营销渠道，利用"网红经济"营销模式为乡村旅游发展营造热度，提升乡村旅游品牌知名度。

2.4.3 重视乡村旅游人才培育，打造高素质的人才队伍

第一，加大人才培养的资金投入和政策扶持力度，着力构建"产学研"一体化人才培育体系，加强高校与乡村旅游企业、乡村基层政府之间的合作与联系，打造乡村旅游专业人才队伍。第二，加快完善人才引进、人才创新、服务保障等政策体系，建立结构合理的留用人才机制，为促进人才向乡村流动提供制度保障，为乡村旅游发展注入人才活力。第三，因地制宜，根据乡村旅游特点制定符合地方特色的人才培养方案，并定期开展培训、学习活动，切实提升乡村旅游从业者的专业素养。

第二篇
旅游影响、地方身份建构与居民参与

第3章 乡村旅游情境下传统村落居民地方身份建构

3.1 研究缘起与问题提出

传统村落作为独具价值的乡土遗产，是中华农耕文明的重要载体和华夏子孙的精神家园（李伯华等，2017）。近年来，随着乡村振兴战略的推进，旅游业被引入乡村，并成为传统村落遗产保护和活化的重要手段。然而，在一些地方由于乡村城镇化和旅游化过速，常常导致传统村落面临"建设性破坏"和"开发性破坏"的叠加影响，文化遗产的原真性遭到不可逆的损坏（吴平，2020）。据统计，在国家先后公布的 6 批"中国传统村落名录"中，共有传统村落 8155 个[①]，而目前具有较高保护价值的"传统村落"已不足 5000 个[②]。毫无疑问，对传统村落的保护已迫在眉睫。

社区居民是传统村落的主人和核心利益相关者。他们不仅是旅游目的地吸引物的重要组成部分，同时也是乡村遗产的传承人和守护者（郭晋媛，2019；Kim et al., 2013）。一般而言，旅游开发会对目的地社区的经济、社会文化和环境等方面产生深刻影响，而当地居民是对这一系列影响最为敏感的群体，是不容忽视的核心利益相关者。他们的日常生活世界与游客的旅游世界相互重叠，生产生活无不浸染着旅游要素，甚至息息相关、难以逃遁。与此同时，社区居民对旅游影响的感知和态度又会反过来影响当地旅游业的发展（鲁明勇，2011）。在诸多影响社区居民旅游发展感知和态度的因素中，地方身份认同起到的作用不容忽视。

学者们研究发现，地方身份认同会直接或间接地影响社区居民对旅游发展的感知和行为表现（Wang & Chen，2015）。Nunkoo 和 Gursoy（2012）指出，社区居民基于资源的职业认同、环境认同和性别认同影响着他们对于旅游业的支持态度（Nunkoo & Gursoy，2012）。同时，也有学者提出，如果社区居民具备强烈的地方感和身份认

[①] 住房和城乡建设部等部门关于公布第六批中国传统村落名录的通知［EB/OL］.［2023-03-30］. https://www.mohurd.gov.cn/gongkai/zhengcefile/202303/20230320_77084.html.

[②] 燕磊. 住建部：经调查上报的传统村落仅占行政村的 1.9%［EB/OL］.［2021-08-10］. http://chinanews.com.cn/gn/2013/10-17/5391125.shtml.

同,他们则会更加积极地承担起保护地方环境和传统文化的责任,进而更好地扮演传统村落地方空间生产者的角色(孙九霞,2009)。如若不然,则有可能造成社区参与程度降低,并引发居民的主动"边缘化"和"去权"的现象(孙九霞和保继刚,2005;Kerstetter & Bricker,2009;兰金秋等,2019)。因此,在旅游情境下如何提升居民地方身份认同感,并将其转化为保护传统村落的有效动因,便成为传统村落活态保护的一个重要议题。然而纵观现有相关研究,可以发现学者们主要聚焦城镇化与村落遗产保护(邓静等,2020;苏莹莹等,2019)、村落人居环境建设(李小云等,2019;鄢方卫等,2019)、旅游社区参与(王铁等,2021;王华等,2016)、旅游发展中的"主客"关系等(李西香,2020;吕龙等,2019)问题的研究。旅游介入对传统村落社区居民地方身份建构会产生哪些影响?这些影响的表征如何?其中又存在着何种作用关系和机理?这些问题都有待进一步深入探讨。

基于此,本文拟选取北京爨底下村为案例地,通过参与观察和深度访谈法,对旅游情境下传统村落居民地方身份建构的过程和机理进行深入分析,以期丰富传统村落研究的理论内涵,并为相关村落遗产的保护和活化管理实践提供决策参考。具体研究问题包括:(1)旅游介入对社区居民地方身份建构会产生的影响;(2)这些影响的过程和结果呈现出的表征形态;(3)旅游介入对居民地方身份建构影响的作用机理如何。

3.2 文献回顾

3.2.1 传统村落旅游与社区居民感知

学术界对传统村落及其类似概念的关注肇始于20世纪60年代。国际古迹遗址理事会(International Council on Monuments and Sites,ICOMOS)陆续通过了《关于保护历史小城镇的决议》《关于乡土建筑遗产的宪章》等一系列保护历史村镇的动议(王小明,2013)。20世纪末以来,对于传统村落的系统性研究不断涌现。早期的研究内容主要集中在传统村落的保护主体、保护内容的界定,以及保护的方向等框架层面(Lee,1996;刘沛林,1998;胡跃中,2001)。2012年,住房和城乡建设部联合文化部、财政部和国家文物局,发布《关于开展传统村落调查的通知》(以下简称《通知》),明确界定了被旅游学术界广泛认可的传统村落概念:"传统村落是指形成较早,拥有较为丰富的传统资源,具有一定历史、文化、科学、艺术、社会、经济价值,应予以保护的村落。"该定义提出前,人们一般以"古村落"来描述那些布局和风貌遵循自然、意境恬然脱俗、历史文脉和传统习俗保留较完整的乡村聚居空间(刘沛林，1998）。自《通知》出台后，结合2017年国家乡村振兴战略的提出，关于传统村落的研究呈爆发式增长。研究内容主要涉及村落布局（何小芊等，2019）、空间形态（陈驰等，2018）、空间重构（郭文和杨桂华，2018）等物质表层，以及居民感知（包亚芳等，2019）、地方文化（成志芬等，2018）、活态保护（马锡栋等，2021）等人文内层。整体而言，经过多年的发展，对传统村落的研究由之前对传统建筑、风貌较为单一的定性描述，逐渐过渡为现今多学科、多主题、多方法的交叉应用（闫留超，2018）。在此期间，旅游已经成为研究传统村落不可或缺的视角，并实质上成为推动传统村落发展的重要实践路径。

关于旅游发展与传统村落的关系，吴必虎和徐小波认为旅游发展为传统村落提供了全新的活化动力，可以引导现代性、传统性在村落空间有序交融（吴必虎和徐小波，2017）。然而，邹君等提出旅游开发同样会引发村落建筑破坏、传统文化氛围消弭等负面影响（邹君等，2018）。孙琳等（2019）认为保护性活化开发，才是传统村落延续文化机理的可持续途径。目前，关于传统村落原真—商业二重性和活化开发的研究大多从社区参与或社区增权的角度出发，强调社区居民与其他利益相关方的关系（孔翔等，2019；王纯阳和黄福才等，2013）。姚忠等（2020）从社区参与的角度，以南昌南矶乡为案例，探讨了乡村全域旅游的开发模式。李军和蒋焕洲（2020）以贵州西江苗寨为样本，指出可以通过对旅游地经济空间的重构，保障社区居民对旅游利益的分配权利。显然，旅游介入后传统村落的居民问题越来越受到学者们的关注。因为居民是传统村落的重要利益主体，其对于旅游影响的感知会影响他们对于旅游发展的态度（王金伟等，2019）。一般而言，当居民对于旅游影响的感知越积极，其对于旅游发展的态度也更趋向正面；反之，居民则会抱有较负面、消极的态度（余志远等，2015；Vargassánchez & Porrasbueno，2011）。在具体的研究中，一些学者从传统村落的物理景观、空间基因（张振龙等，2020）以及文化传承（窦银娣等，2020）等多种角度，分别论证了旅游介入对居民感知所造成的具体影响。此外，学者们还发现社区居民对旅游影响的感知和态度受其年龄、居住时间、受教育程度、收入等自身因素的影响（窦银娣等，2020；许忠伟和曾玉文，2019；Jackson & Inbakaran，2006），同时也与目的地的地理位置和旅游开发投入等外部因素相关联。

在乡村振兴的背景下，传统村落的保护和活化利用已然成为一个时代话题。学术界的研究重心有必要且已经开始转移到传统村落的活态开发这一领域（徐曼，2019）。同时，作为传统村落的主人，社区居民也已逐渐成为相关学术研究的重要关注对象。

纵观现有相关研究可以发现，学者们对旅游开发与社区发展的关系、旅游增权、社区参与、社区居民感知与态度等问题进行了深入研究。然而，旅游介入情境下传统村落社区居民地方身份建构的影响因素、意义表征、作用机制等问题尚未引起广泛关注，仍有待进一步明晰。因此，探索如何以更加深刻的地方身份视角审视传统村落旅游开发与社区（居民）的关系，显得尤为必要。

3.2.2 地方、身份与地方身份认同

地方的概念最早于1947年由Wright（1947）提出。他指出地方是承载主观性的区域，应从其所承载的主观性意义出发对地方进行重新认识。但在当时，该观点并未引起地理学者的广泛关注（于涛方和顾朝林，2000）。20世纪80年代，人文地理学者重新开始关注地方，并认为它会在一个更大的尺度上对空间和地方的建构方式、组织形式进行重构，人与地方之间的关系也因此得以重塑（Harvey，1989）。学者们还指出，在地方实践中，地方会被人们赋予文化意义，是当地居民的感知价值中心（Eyles，1989）；从空间到地方的演变，需要通过被赋予文化意义的"人化"过程，而当地居民归属于某一地方就会形成归属感或地方感（周尚意等，2011）。可以说，自20世纪70年代后，地方就已成为文化地理学的核心概念之一，并为其他人文地理学分支提供了理论基础（Gregory et al.，2009）。

身份是文化地理学中的另一个核心概念。一般而言，身份具备两层内涵：（1）以性格、年龄等为代表的个体身份；（2）体现族群特征、社会特征的社会身份。二者都强调个人或族群自身的属性，认为身份是"一组依附于自我的意义，并在具体情境中用以指导主体行为的标准或参考"（Stets & Biga，2003）。在文化地理学领域，认同与身份是一对孪生概念，并常被组合为身份认同在一起使用。同时，身份和认同均源自同一个英语单词identity，然而两者的具体内涵和适用情景却有所不同：身份，即明晰个体或群体的社会地位的根据，如性别、种族等；认同则是个体或群体对身份的寻求与确认，更具有动词性质（阎嘉，2006）。因此可以说，身份回答了"我是谁"的自我定义问题，"认同"则是对身份的修正（Marchand & Parpart，1995）。

在社会—空间的双向关系中，地方与身份认同密不可分。地方与身份认同存在着动态互构的关系，地方的物质存在和精神内涵被个人或者群体吸收为其身份的一部分，后者又通过连续的空间实践赋予地方新的意义（Stets & Biga，2003；阎嘉，2006；Marchand & Parpart，1995；Soja，1989）。故从地方的视角研究身份认同，地方性作为地方身份的构成要素之一，对身份建构起着重要的作用（Wester-Herber，

2004）。由此引出了地方身份认同的概念：个人或群体通过将地方意义融入整体的社会化过程中，在区分我者与他者的同时，延续自身的观念与价值，实现自我的尊严与目标，最终形成对地方的身份认同（朱竑等，2012）。即个人或群体在与地方的互动中建构地方的意义，进而通过此意义来剖析自己的身份和存在（Harner，2001）。因此，区别于研究身份认同的其他视角，地方身份认同主要强调"人—地"互动中发展出的联系和意义（Bott et al.，2003）。

在与地方身份相关的众多理论之中，身份建构过程理论（Identity Process Theory，IPT）推进了该领域的进一步发展。IPT 理论由 Breakwell（2015）于 1986 年首次提出。它特别关注到人地互动中情感的产生过程，力图深入洞察个体所处的社会情境和社会资源（如符号、观念、语言）是如何参与其身份建构的（罗秋菊等，2018），并首次阐释了个体或群体在面对身份威胁时的应对策略。该理论对内容和价值/情感两个维度进行了概念化：（1）内容维度，即自我身份认同或身份定义；（2）价值/情感维度，则对应内容维度的积极或消极的价值认知或情感表现。同时，该理论还指出，二者受两个普遍过程的调节，即同化/适应过程和评估过程。同化/适应过程是指在身份建构和调整中吸收新信息，以使其成为身份建构的一部分；而评估过程则指赋予身份内容以意义和价值（Jaspal & Cinnirella，2012）。

目前，IPT 理论已被学者们广泛应用于社会身份、民族身份建构等相关研究（Low et al.，2013；Kalfoss et al.，2018）。但是，该理论直至 21 世纪初才被引入到旅游研究之中，有关旅游地地方身份探究的历程也较为短暂（余志远等，2020）。Nunkoo 和 Gursoy（2012）分析了居民职业、环境、性别等地方认同要素与其旅游态度和行为之间的关系。Wang（2015）等则以美国印第安纳波利斯市和中国珠海市为例，在 Breakwell（2015）的身份认同原则基础上，以地方身份认同量表进一步确认了社区居民地方认同、居民感知与其对旅游的态度和行为之间的相关性。综合已有研究可以发现，IPT 理论能够对本土复杂多元的身份建构现象提供有效的理论支撑，是解析旅游介入情境下人地关系问题的有力工具。

3.3 研究设计

3.3.1 案例地概况

爨底下村位于北京西郊门头沟区斋堂镇，距北京主城区约 90 千米，海拔约 650 米，村域面积约 5.3 平方千米。村子青山环绕、宁静古朴，有着传统乡村民居独特的沧桑感和历史感。村子距今已有500余年历史，现保存有70余套较为完整且具代表性的明清四合院。1995年，该村逐步开始进行旅游开发，此后在国内的知名度越来越高。2003年被授予全国首批"历史文化名村"称号。2006年被列为全国重点文物保护单位，成为全国首批传统村落之一。2009年，斋堂镇通过整合地区资源，以爨底下村为"领头羊"，联合周边3个村落，注册成立了北京爨柏景区管理中心，形成了以古村落文化为代表的旅游度假休闲区。2012年12月，爨底下村被住建部、文化部、财政部授予首批"中国传统村落"称号。在传统村落保护和文化遗产旅游发展的进程中，爨底下村的探索与实践具有典型的意义。

3.3.2 数据收集与分析

本研究采用了参与式观察和深度访谈法等质性方法展开研究。2019年2—6月以及2022年8月，调查组成员多次前往案例地进行实地调研。首先通过参与式观察，对爨底下村的建筑布局、居民生活与经营行为、主客互动情况等社会文化现象获得感性认识。而后，研究者在作为参与者的同时，通过在村中食、住、游、购，试图感受村落氛围和旅游经营状况在旅游淡、旺季的差异。

同时，结合当地情况，以理论饱和为原则，调查组成员选取了17位访谈对象，并对其进行了深度访谈（表3-1）。受访者主要为从事旅游经营和服务工作的本地居民，以及少数未从事旅游经营的村民。需要说明的是，村落中的青年群体因进城务工、移居（城区）等原因已不在村中久居，致使当地一度出现了较为严重的"空心化"现象。尽管近年来伴随着旅游业的发展，一些在外人员开始回流村落，并为当地乡村旅游的发展做出了积极贡献，但是在地居民仍以中老年为主。因此，访谈对象的整体年龄构成相对中老龄化[①]。

访谈的问题主要围绕两个主题进行：(1)社区居民对于旅游介入影响的感知；(2)社区居民对于地方感、地方身份的感知。根据受访者的具体反馈情况，研究人员会对访谈的内容和方向进行适当调整，确保获取完整、有效的信息。最后，在将访谈

---

① 在爨底下村多轮次调查中，调研人员发现当地长期处于"空心化"的状态，青年人几乎全部迁离或进城（北京）务工，导致村中难觅"青年"。这种现象在旅游淡季（每年"十一黄金周"结束至次年"清明节"前后）更甚。尽管调研团队选择了跨越淡旺季的2月至6月（淡季延续和旺季开端）进行田野调查，也发现了部分离乡村民在旺季返村的现象，但是难觅"青年群体"踪迹。因此，虽然经过多番努力，但并未捕获到理想中的"青年"样本。为了确保研究的科学性和可信度，本研究团队以理论饱和为原则，尽可能地将调查样本的"年龄"边界下移，同时通过补充、借问等形式以了解离乡群体的具体情况。

的语音转化成文字的过程中，为了便于理解和分析，研究人员对受访对象的口语化表达进行了书面化整理。

本研究采用主题分析法对访谈内容进行分析。首先，两名编码人员在充分熟悉资料后，分别对访谈资料进行独立编码，以确保编码的信度。之后，比较两位编码员的结果，对存在分歧的主题进行充分讨论，最终达成一致的结果。根据田野调查与前人学者的研究成果（郭晋媛，2019；吴必虎和徐小波，2017；邹君等，2018；孙琳等，2019；孔翔等，2019），本文提出4个维度的影响表征，即地方空间再造、生计方式转变、社会关系重构和文化风俗嬗变。同时，结合本研究的分析框架（具体参见本书"2.3"内容），进一步归纳出3个核心主题：（1）社区居民对旅游介入影响的感知；（2）社区居民对旅游开发的参与及态度；（3）社区居民对地方身份建构的认知变化及其意义表征，即居民身份认同是如何在（1）和（2）的相关情境下发生变化，并通过IPT理论的四原则（独特性、连续性、自我尊敬和自我效能）进行外化的。

表3-1 深度访谈样本构成情况

受访者 Interviewee	性别 Gender	年龄（岁） Age	职业 Occupation
A-01	女	48	农家乐经营者
B-02	女	43	农家乐经营者
C-03	男	49	景区环卫工人
D-04	男	68	养蜂人
E-05	男	42	土特产经营者
F-06	男	64	农家乐经营者
G-07	女	73	农民
H-08	男	66	农家乐经营者
I-09	男	51	景区交通协调员
J-10	女	64	农家乐服务员
K-11	男	46	农家乐经营者
L-12	女	60	农家乐服务员
M-13	女	56	土特产经营者

续表

受访者 Interviewee	性别 Gender	年龄（岁） Age	职业 Occupation
N-14	男	52	景区交通协调员
O-15	男	70	农民
P-16	男	42	旅游文创店经营者
Q-17	女	44	自营司机

3.3.3 分析框架

本研究基于 IPT 理论对旅游介入下传统村落居民地方身份建构的影响机制进行研究。20 世纪 80 年代，Breakwell（2015）提出了 IPT 理论，并详细阐释了引导地方身份建构过程的 4 个原则（简称"四原则"）：独特性、连续性、自我尊敬以及自我效能。该理论指出，上述原则中任意一条的违背都会造成身份危机。关于四原则的具体阐释如下：

（1）独特性原则具有超越特定文化的普遍性，是个体和群体身份意义建构的必要条件。该原则由西方学者提出，并率先被应用于西方人群的研究，但该原则同样适用于非西方的文化体系。独特性具有 3 个来源，即位置、差异和分离。人们通过上述 3 个来源塑造出迥异的自我身份，并在行动上将这种身份特征反馈出来（Vignoles, et al., 2000）。

（2）地方身份的连续性包含两部分，即身份的地方指代性和地方一致性。地方指代性强调地方作为连接人与历史记忆的桥梁，能够赋予过去与现在特殊的自我意义；地方一致性指与地方特征有所关联、受其影响的个人习惯和价值观念（罗秋菊等，2018）。

（3）自我尊敬是通过社会比较，个体形成对自我价值的正面评价。它体现了自我意识的评价意义（罗秋菊等，2018），也是一种积极的自我情感体验。

（4）自我效能是个体对于自我能力的评估与信心的整合。个体在面对特殊情境下的挑战性工作时，会预先进行自我效能的评估与判断，最终表现为不同的执行能力。本文着重探究居民在面临身份威胁时自我认同的变化与调整（Breakwell，2015）。

IPT 理论能够较好地阐释社会身份认同、身份建构等问题，在社会心理领域已得到广泛应用（Low, et al., 2013；Kalfoss, et al., 2018）。罗秋菊等（2018）以 IPT

理论为框架，比较剖析了外来饮食文化对不同代际广州居民身份建构的差异性影响。而 Chen（2017）等同样运用该理论分析了四川映秀镇居民在地震后对于旅游发展的态度，指出基于地方的自我尊敬、自我效能显著地影响了居民的旅游感知和对旅游发展的支持程度，而独特性和连续性则通过自我尊敬间接地影响居民的态度。Canovi（2020）等通过 IPT 理论分析了葡萄酒旅游对意大利朗格的葡萄酒庄园主地方身份建构的影响，提出庄园主对旅游业的不同态度和参与程度，会对其地方身份建构产生迥异的影响。同时，包军军和白凯（2019）通过该理论分析了旅游在"藏漂"的不同身份建构阶段所产生的异质性作用和特征，并阐释了旅游介入对身份建构积极与消极并存的影响性质。可以发现，IPT 理论对一般意义和特定旅游情境下的身份认同研究都具有较好的适用性，然而其在乡村旅游领域，特别是在传统村落居民地方身份建构方面的应用还并不充分。

本文在参考现有相关研究（Wang，2015；Nunkoo，2012）的基础上，构建起一个包括旅游介入、地方身份建构，及两者作用关系的研究框架（图 3-1）。其中，旅游介入是传统村落居民身份建构的重要推动力量。一般来说，旅游介入会对旅游地社区的经济、社会文化和环境等方面产生深刻影响（郭晋媛，2019）。为了进一步聚焦研究主题，本文在结合田野调查和传统村落旅游发展特点（吴必虎和徐小波，2017；邹君等，2018；孙琳等，2019）的基础上，从社区居民身份认同的视角出发对上述 3 个方面的影响内容（经济、社会文化和环境）进行了细化和提炼，重点关注地方空间再造、生计方式转变、社会关系重构、文化风俗嬗变 4 个方面。社区居民通过对这些方面的进一步评估及"同化—适应"，进而对地方身份的独特性、连续性、自我尊敬和自我效能产生调节作用。同时，在一系列内部心理机制（增强/阻碍）的作用下，形成积极的身份认同抑或身份危机结果。

IPT 理论在传统村落旅游开发研究中的应用，拓展了研究者审视旅游社区人地关系的视野，有助于研究者和开发者在面对当今中国复杂的乡村旅游实践时对社区居民的心理产生更为深层的理解。

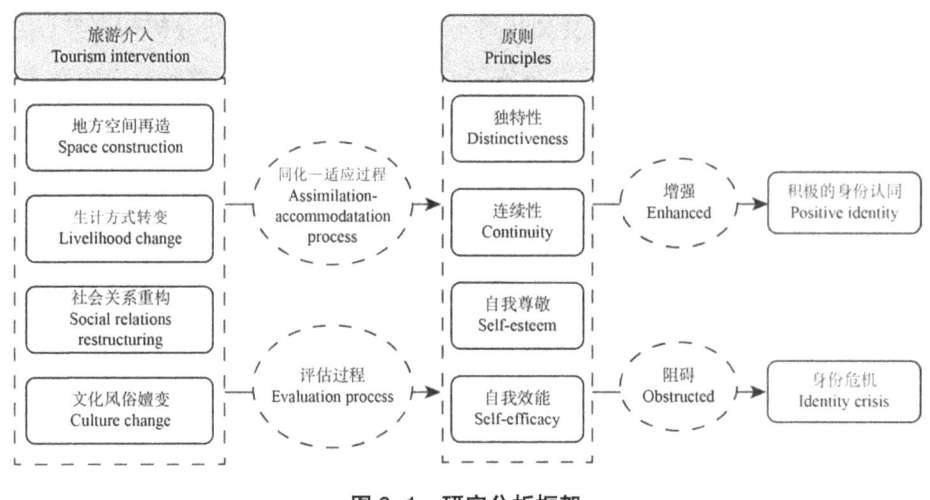

图 3-1 研究分析框架

3.4 研究分析

一般而言，旅游介入会对传统村落地方的物质表层和人文内层产生多方位的影响。因此，为了厘清旅游介入下居民身份建构的过程及其表征形态，并与 IPT 理论的四原则产生较为清晰的对应关系，本文将旅游介入的综合影响提炼成为地方空间再造、生计方式转变、社会关系重构以及文化风俗嬗变 4 个方面，并以此作为旅游介入对社区居民地方身份建构影响的逻辑基点。同时，考虑到上述 4 个方面的变化对 IPT 理论四原则存在交叉影响（非单一线性关系）的可能性，本研究将试图以旅游介入影响的侧面来引出和深描社区居民地方身份建构的意义表征（过程和结果）。

3.4.1 地方空间再造：居游交织引致身份意义重塑

随着旅游的介入，传统村落空间的形态、功能以及象征意义也随之发生改变（王晓阳和赵之枫，2001；陈晓华和鲍香玉，2018）。目前，爨底下村的古村落建筑群保存较为完好，其物理空间具有较高的完整性和原真性，因此旅游对其空间的再造主要体现在功能和象征意义上。在此过程中，虽然社区居民对于生活空间处置权的让渡降低了他们的自我效能，但旅游的介入仍然重塑了其地方身份的积极意义，居民身份建构的独特性进一步凸显。

一方面，从村落空间使用者的角度，由原先社区居民作为绝对主体转为居民与游客共享，这引发了村落空间由单一的居住生活功能向居游混合功能的转变。部分受访者表达出了对于空间功能转化后的无力感："以前我们就在院子里搭个棚吃饭，现在政府为了统一景观，都拆除了，没办法。"（A-01）原本属于居民自我"私产"的房屋和公共空间在发展旅游的过程中变成了旅游"公产"（吸引物）。当地居民的诸多日常生活行为不仅受到限制，而且在其中开展的经营活动还会受到来自不同部门的监督和管理，导致他们在短时间内难以接受和适应。这种因生活与经营空间的交叉甚至冲突产生的无力感，在一定程度上降低了社区居民的自我效能，对自我和地方的掌控感日渐消逝。

另一方面，随着游客与社区居民的互动越发频繁且深入，双方显示出了对于空间意义的不同认识，而社区居民选择逐步接受游客对于地方的认知。游客认知作为一种为传统村落引入经济资源的外部话语，在主客的关系中处于强势地位。因此，为了保证外部资源的持续输入，社区居民往往会通过情绪上的同化/适应、评估过程对地方身份建构进行调整。受访者 O-15 表达了旅游开发前居民对于空间意义的认知："1995年以前这个破地方连条路都没有……后来领导来这里参观，认为可以发展旅游，又接着拍了电影，旅游业才发展起来了。"20 世纪 90 年代开始，《手机》《太极宗师》等影视作品在爨底下村取景拍摄，快速提高了村落的知名度，旅游业也随之发展起来。

笔者在调查中还发现，每年 6 月至 11 月会有许多艺术院校的师生来到村里进行写生，村里也不乏书画、摄影名家的光顾，艺术家们对当地独特、唯美的景观给予了肯定。随着旅游活动的不断开展，当地居民开始逐渐适应、接受外部话语，并积极参与到旅游接待服务和经营活动中。同时，通过外部话语的介入，社区居民逐渐认识到了村落空间的独特意义和商业价值。受访者 J-10 就骄傲地说："对咱们全中国来说，爨底下是独一无二的……好多外国人都到中国来看爨底下的村落。"由此可见，旅游对于空间象征意义的重构增强了居民对于村落独特性的积极认同，提升了居民对于自身身份的自尊。

总而言之，旅游对地方空间的再造主要体现在功能和象征意义上。前者将居民独享的传统"生产—生活"空间转变成了"主客"共享的居游混合空间，居民原先的私人空间被赋予了一定的公共属性，居民对于空间处置权的部分流失降低了其自我效能；后者通过外部话语帮助居民认识到了地方空间的宝贵价值和意义，增强了居民对于地方独特性的正面认知。

3.4.2 生计方式转变：多元身份提升自我效能

传统村落旅游的发展引发了社区居民生计方式的转变。爨底下村位于京西和河北怀来的山区交界处，当地原住民祖祖辈辈"日出而作，日落而息"的农业生产方式，如今只被部分老人或少数不从事旅游业的居民践行。笔者调查发现，自1995年开始进行旅游规划后，伴随20余载的旅游发展，绝大部分家庭或个人选择通过开办农家乐、售卖特产等方式来适应当地乡村旅游发展的进程，传统农业生计方式逐渐被抛弃。在这个过程中，多数当地居民实现了从农民单一身份到商人、职员等多元身份的转变，社区居民传统的固有身份的连续性受到前所未有的冲击。部分居民表现出了对此的担忧："现在大部分人都做买卖了，地都没人种了，小孩也都在城里，以后农具怕是都认不全。"（H-08）"农民"这个最为独特且传统的地方身份，在旅游介入后逐渐淡褪，成为一个名不副实的身份标签。

与此同时，一些已经外出或移居的村民也因当地乡村旅游的不断发展而回到了原本"空心化"较为严重的村里。虽然当前只有部分村民返回了村里，且居民的老龄化现象仍较为严重，但逃离乡村已不再是村民的唯一选择。绝大多数回流的社区居民都通过参与旅游发展而提升了家庭的收入。多位受访者都肯定了旅游的积极作用，并对家庭经济条件的改善和生活质量的提升表现出了一定程度的肯定与满意："现在外边工作的人家也回来了，上班不如回来搞旅游"（F-06）；"不种地了，就做买卖多好，这农家院一年弄好几十万，比干别的不好？"（Q-17）研究者通过田野调查发现，旅游引发的社区居民生产方式改变以及收入提高，大大增强了他们的自我效能。在此过程中，社区居民也通过情绪上的同化/适应过程削减了固有身份（农民）连续性中断的消极影响。当笔者问及社区居民对于传统身份（农民）是否存在留恋时，绝大多数受访者表现出观念上的豁达和开放。

总之，从生计方式转变的角度出发，多数居民通过参与旅游发展提高了收入并改变了生产模式，身份从农民转变为了服务业从业者，这一过程大幅提升了他们的自我效能。虽然旅游介入改变了社区居民的原有生产方式，但他们通过自我调节弱化了身份连续性被破坏的消极影响。

3.4.3 社会关系重构：内外有别的身份自尊

旅游介入引发的传统村落社会关系重构，具体体现在两个方面：首先，因为新型生产资料（旅游资源）和生产方式（旅游业）的出现，传统村落既有的邻里关系将面临或协作或竞争的挑战。其次，游客的介入为当地的社会关系增添了一个维度，即由原先单纯的在地邻里关系网络，转变为邻里和主客并存的关系格局。而上述两种社会关系的重构对于社区居民地方身份建构存在不同方向的影响。

就邻里关系而言，部分受访者表达出了对社区旅游收入、旅游资源分配不均的无力感。"我们一个月两千块钱的死工资,一辈子也买不起房,人家这一年就弄三四十万。"(I-09)在田野调查中,笔者也发现由于部分村民自身拥有"资源"的限制,导致利益分配不均的现象:"有个别不能搞旅游的,老祖宗留下的房子空间大你就能搞,留下空间小想搞也不成。"(P-16)这种无力感的积累,自然而然地将邻里关系推向了竞争而不是协作。联结社区族群最基本的邻里关系逐渐被淡化,甚至走向矛盾、瓦解的边缘。同时,部分居民表达出了对利益驱使下金钱思想巩固和社会道德下降的无奈,以及对于原本淳朴社区关系的怀念(D-04)。可以看出,利益分配不均会使"弱势"居民产生无力感;同时居民整体对于当前邻里关系的消极态度,削弱了他们的连续性身份认同,以及对传统社区关系的尊重。

与此同时,频繁的主客互动也可能会激发社区居民与游客的矛盾,但在面对一些不文明游客时,大部分受访的经营者都不屑于与之争辩。这体现出了居民对自我品质的认可,以及在旅游介入后对于自我生活方式的自信。新产生的主客关系进一步激发了社区居民对于地方身份的积极认同。I-09表示:"虽说我们是农民出身,可是我们在景区每天都要接待游客,服务行业必须服务态度得好呀。"虽然游客消费是社区居民获取收入的主要来源,但多数受访者并没有过分迎合旅游者的不合理需求,仍表现出了对于自己身份的尊重。"我一般的时候不跟游客起冲突"(M-13);"咱们是和平交易,你要是嫌贵你可以不吃,可以不住,我不强留你。"(K-11)在主客关系中,社区居民建立了更强的自我尊敬,并以这种积极的身份认同来更好地适应市场经济的逻辑。

总而言之,社区居民对于邻里关系和主客关系呈现出了内外有别的身份建构表征。一方面,市场引发的居民收入不均等,既削弱了部分在利益分配中处于相对弱势地位居民的自我效能,又将原本较为淳朴的邻里关系推向了竞争旋涡。上述现象降低了居民整体对社区内部的连续性认同和自我尊重感。另一方面,为了更好地适应游客的需求,居民在处理主客关系时建立起了较为正面(积极)的身份认同,表现为社区居民作为地方主人的自豪感。无疑,旅游介入让社区居民认识到了其地方身份的独特意义。

3.4.4 文化风俗嬗变:外部话语激活地方身份认同

旅游介入后,居民文化风俗的嬗变主要有两个层面的表达:(1)我者文化的传承;(2)主客间文化的共享与融合。前者指的是传统村落文化的保存,以及所面临的本土文化式微的特色性危机;后者指的是传统村落的我者文化与外部他者文化的互动交融,这种文化上的互动激活了社区居民对于地方身份的积极认同。

一方面,我者文化传承的延续与断裂会对居民身份认同产生积极与消极影响。首先,绝大多数受访者认识到了爨底下村历史文脉的独特性,这有利于居民建构积极的身份认同。寻根溯源,爨底下村本地居民全部姓韩,如今辈分已近20代。部分受访对象对于祖源的传说持有明确的观点,其中较有代表性的看法为"山西移民说"。正如受访者C-03提出:"最开始我们这儿是从山西移民过来的,我们老祖宗就是姓韩。"还有一些受访者表示"山西移民说"是人云亦云的说法,他们对于自身家族姓氏的来历持"无法考证说",但对祖源仍具有较为清晰的态度。在他们的认知中,爨底下村原本属于一个"军事隘口",由于驻军和战事需要,"有战参战,无战垦田",慢慢地一个以韩氏为主体的村落就发展起来了(N-14、P-16)。虽然两种观点存在差异,但是从访谈的内容中都体现出了受访对象对于自身历史文脉独特性和连续性的认知(统一姓氏或屯军文化)。

然而,爨底下村仍然面临着传统文化风俗逐步消逝的危机。虽然爨底下村在历史上有地方性鲜明的传统民俗艺术,但绝大多数受访者的相关认知和记忆已然淡逝。在调研的过程中,只有少数居民对当地传统民俗文化有着较为清晰的认知和印象,例如提到"转灯"这种传统祭祀活动,他们对未能完整地保留与传承绣花鞋、转灯等民俗活动表示遗憾:"老人那时候还能口头跟你介绍一部分,但是到现在老人基本都去世了,所以口头的传承都没有了。"(D-04)中青年普遍对此类民俗活动鲜有提及,显然缺乏相应的认知。同时,部分居民也表达出了对于方言被逐步遗忘的焦虑:"小孩从上幼儿班开始就说普通话,把斋堂话已经忘了,也就能听懂一句半句。"(I-09)居民地方身份的"工具化"运用也加剧了传统文化风俗危机,具体体现在旅游接待和经营活动的季节性与"舞台化"。对当地居民来说,他们的经营策略与生活习惯已与季节性旅游相匹配。清明回乡扫墓标志着居民新一年旅游经营活动的开端,工作到"十一"黄金周便下山到市区休息,以此规律重复。因此,绝大多数居民"淡季而迁,旺季而归",每年只有一半的时间居住在爨底下村,已然将回乡生活变成了一种以营利为目的的生产方式。毫无疑问,居民在时空尺度下与地方的割裂会加剧传统文化风俗的凋亡,削弱其对身份独特性和连续性的认知。

另一方面,旅游介入后新产生的"主客"文化的互动交融却对居民的身份认同起着积极的作用。爨底下村特有的自然和人文旅游资源吸引了诸多学者、剧组人员和游客前来调研、取景和观光。P-16讲道:"那会儿吴冠中来这里,他第二天回去之后在北京晚报发了个文章，叫《爨底下君知否》，从那以后一些影视界的（剧组）陆陆续续地来。"对众多影视作品的取景、拍摄，村民们大都记忆深刻，并表现出强烈的自豪感，在他们心目中这已成为当地的名片和文化符号。毋庸置疑，社会群体依托村落的自然、人文资源推进了外来文化与在地文化的融合，实现了我者文化与他者文化的共享。主客互动带来的文化交融，在提升居民乡土自豪感的同时，也让他们意识到自身掌握资源对于外界的价值。这种对独特生产资料的控制感激发了社区居民对于地方的独特性认知，并有效提升了他们的自我效能和自我尊敬感。

综上可见，旅游介入下传统村落本土文化的遗失和主客文化的融合现象并行发生。首先，虽然绝大多数居民能够通过口述表达出对爨底下村历史文脉独特性、连续性的认识，但是对实践性的传统民俗和族群文化（如方言）却存在失忆现象。这些文化风俗的消逝，在一定程度上弱化了社区居民的连续性身份认同。但旅游介入带来的"主客"文化互动、交融却对居民的地方身份认同起着积极作用。具体表现为，外部文化生产者将外界的文化形式、内容与爨底下村的自然、人文资源进行融合，并推动了当地社会文化和区域经济的发展。可以看出，旅游介入不仅在一定程度上对传统村落文化的传承和活化起到了积极的作用，还使得社区居民认识到了地方的独特性，进而提升其自我效能和自尊感。

3.5 结论与讨论

3.5.1 研究结论

本研究从社区居民视角出发，以北京爨底下村为例，基于 IPT 理论的四原则（独特性、连续性、自我尊敬和自我效能），探讨了旅游介入对传统村落居民地方身份建构的影响机制（图 3-2）。可以发现，旅游介入对传统村落的经济、社会文化和环境等方面产生了深入影响，具体表征为地方空间再造、生计方式转变、社会关系重构以及文化风俗嬗变。同时，社区居民作为传统村落的核心主体，也会受到来自旅游介入的潜移默化影响，尤其是他们的地方身份在此过程中被不断形塑，具体体现在：(1) 地方空间居游交织的功能转化导致居民的空间处置权流失，弱化了其自我效能的感知，而外部话语介入强化了他们的自尊感和对空间意义独特性的认知；(2) 多元身份和生产方式的改变中断了居民连续性身份建构，但收入的提升对潜在身份危机的形成具有一定的缓解作用；(3) 利益分配不均对邻里关系的重塑阻碍了居民连续性、自我尊敬身份的建构，但"主客"关系视角下，积极性地方身份的建构得以加强；

（4）"我者"文化流失弱化了独特性、连续性身份认同，旅游介入下与"他者"的互动则促进了居民对地方生产资料独特性的认知和对自我尊重、自我效能感知的提升。

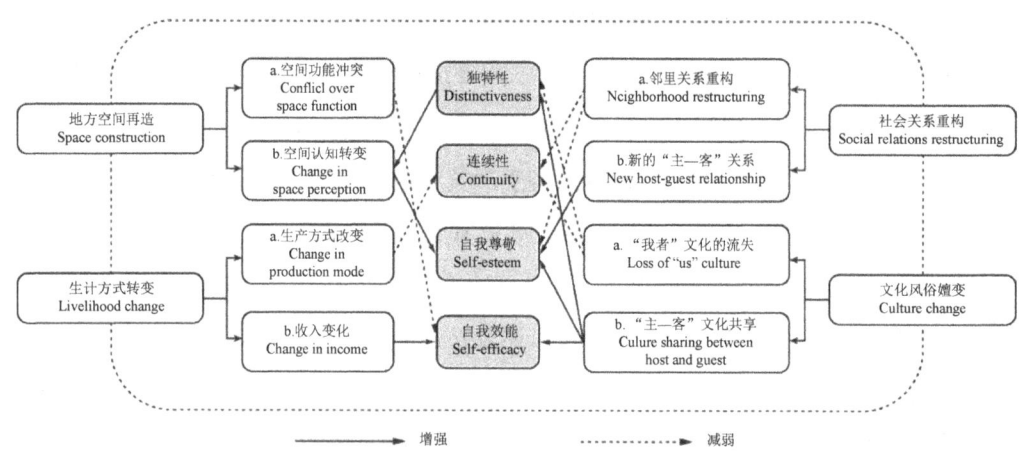

图3-2　IPT原则下旅游介入对社区居民地方身份建构的影响机制

3.5.2 研究讨论

通过上述研究可以发现，旅游介入对社区居民地方身份建构的正面与负面影响并存，且二者相互交织缠绕，体现出了居民身份建构表征的复杂性特征。这与学者们的相关研究结论较为一致。例如张敏敏和傅新红（2020）研究发现，旅游对当地居民的乡村认知、乡村身份自信以及社区认同感等方面均会产生深刻的影响。同样地，李猛等（2022）也发现，旅游地社区居民的怀旧、集体记忆和地方认同之间存在复杂的影响关系。本研究除了离析出学者们结论中的复杂特征之外，还进一步对其中的具体表征内容和微观影响关系进行了透视，尤其是基于批判视角阐释了旅游介入对居民地方身份变迁的负面效应，其主要表现为以下3个方面：一是因资源和收入分配不均而产生的邻里矛盾，导致居民对于社区连续性认知和尊重感的降低；二是居游空间冲突限制了居民对于空间的处置权，降低了他们的自我效能；三是社区居民的季节性迁徙等工具化身份运用行为，造成了其生活方式及地理连续性的中断。另外需要强调的是，旅游介入对社区所带来的积极和消极作用并不是孤立存在的，而是处于一种交织的状态。尽管居民对历史文脉独特性的认识得以加强，但他们对传统民俗的记忆却在淡化，这降低了居民的独特、连续性身份认同。但与此同时，作为外部文化生产者的游客的介入增强了居民对独特性地方生产资料的认识，进而强化了其自我效能。可见，随着情境、时间的不同，居民身份建构的表征组合也可能发生一定变化。因此，在旅游发展的过程中，应该以动态、综合的眼光审视居民身份，不能顾此失彼，进而整体提升旅游对居民地方身份建构的积极作用。

同时，经过对比分析可以发现，自我尊敬与自我效能对社区居民的旅游感知具有主导性作用。虽然社区居民的地方身份建构表征呈现出一定的复杂性，但受其影响的居民旅游感知却有着相对的一致性。旅游发展引致了居民自我尊敬和自我效能的大幅提升，这使得当地居民对旅游普遍抱有积极的感知和态度。社区居民认为旅游的介入切实为村落创造了工作机会，提升了居民的收入，推动了居民生产和生活方式的转变。该结论也印证了 Wang 和 Xu 的观点，即当社区居民具有较强的自我尊敬和自我效能时，他们通常会对旅游发展产生较为积极的态度。

然而，本研究发现爨底下村居民对于旅游开发的积极态度且踊跃参与，可能会使他们在一定程度上忽视旅游对其部分身份认同原则消解而产生的不利影响。随着旅游的不断发展，绝大多数居民会将短期的经济利益放在第一位，他们通常通过同化/适应、评估过程来消解旅游对其独特性、连续性身份认同的负面影响。但是，地方独特性、连续性身份所代表的原真性的丧失，并不利于当地旅游吸引力的延续。笔者在田野调查中发现，虽然受访者对传统民俗、民风流失有遗憾之感，但其在实际行动上仍漠然处之。例如除了一家文创商店以及景观符号的大批量复制外，村里并没有发现其他承载着深度地方文化的商业形态。正如陈瑞萍所说："旅游者到乡村是因为乡村自身有其独特的魅力，他们期望在这片土地上找到文化、历史、工艺、自然留下的视觉符号。"因此，为了爨底下村的活化保护和居民利益的权能保障，各方主体对于当地文化的深度发掘便有着极为现实的意义。

3.5.3 边际贡献

本研究可能的边际贡献，主要体现在以下3个方面：（1）从传统村落居民地方身份认同的角度充实了旅游社区参与的研究，丰富了传统村落发展和活化相关研究的思路。目前，关于旅游社区参与的研究大多关注各利益相关方的权益关系平衡、社区增权等方面，从旅游的角度审视传统村落居民地方身份认同的研究有待进一步完善。（2）揭示了旅游背景下居民地方身份建构的复杂性，其中积极与消极影响并存。这有助于引发学术界对于传统村落居民内在心理的关注。（3）证实了地方身份建构中的自我尊敬、自我效能原则对于社区居民旅游感知的决定性影响，并指出旅游开发对上述两个原则的满足，会使居民忽视旅游对其身份认同原则消解而产生的负面影响。而这种现象并不利于传统村落的可持续发展。

3.5.4 实践启示

爨底下村通过多年的发展，早已从一个鲜有人知的村落演变成为京郊热门的旅游目的地，社区居民的生活水平也有了显著的提高。然而，旅游介入对于社区居民的身份认同也产生了独特性消逝、连续性中断、内部尊重降低以及自我效能削弱等消极影响。对于上述现象的忽视，有可能引发开发同质化以及空间割裂等问题，进而大大加速村落原真性的流失和地方性的消亡。由此，本文提出以下建议：

（1）重构在地文化场景，强化独特性认知。前述研究发现，传统村落"我者"文化的流失削弱了地方的独特性。本条建议试图通过对在地文化场景进行生产和分配两条举措，应对传统村落旅游开发同质化的独特性危机。首先，村落应该加强对地方文化的挖掘力度，借助外界力量生产出更多元、更深层的文化消费品和文化场景，在传承文化的同时，提升村落的旅游吸引力。其次，通过与村民委员会等主体进行协商，对生产出来的文化场景在村落范围内进行分配，对村落的业态进行规划布局，使居民所经营的业态具备一定程度的差异化。这不仅有助于提升村落的旅游吸引力并弱化同质低效竞争，也能使居民对于自营业态中蕴含的文化意义产生更为深层的理解，在提升经济效益的同时强化他们对于村落独特性的认知。

（2）集体统筹协同发展，凝聚社区内部认同。本研究发现，社区居民对于旅游生产资料占有的天然不均等，导致其收入存在着较大的差异。这不仅增加了弱势村民的无力感，同时也削弱了他们对于固有社区关系连续性的认同和尊重。结合保继刚和杨兵（2022）的研究，本研究试图通过重新分配"旅游吸引物权"这一举措，推动实现传统村落居民收入分配的相对公平，弥合村落因收入差距引发的邻里矛盾，进而修复村民对于社区关系的连续性认知和尊重。首先，当地政府及相关部门可通过行政手段等途径将公共部分的旅游资源向社区弱势群体进行倾斜，减小村落内部的收入差距。其次，改革现有旅游收益分配制度，根据户籍、居住时间等方式对村民的旅游吸引物权进行梯度划分，让其充分享有旅游带来的红利。

（3）鼓励社区参与，提升居民生活掌控感。毫无疑问，爨底下村的地方政府保护村落遗产的决心与行动值得被肯定，但其严格的管控举措也在一定程度上导致了社区居民主人翁意识和对地方发展责任感的弱化。社区居民对于地方掌控感、归属感的流失，将进一步削弱他们的自我效能。因此，地方政府应鼓励村民参与到旅游决策、经营管理等过程之中，并通过宣讲会、定期走访等具有人文关怀的措施，丰富居民意见表达的渠道，以提升他们对于生活的掌控感和对地方的主人翁意识，进而削弱村民自我效能降低的不利影响。

3.5.5 研究不足与展望

本研究存在一定不足，为今后相关研究提供了新的方向。一方面，单一案例的研究具备一定的局限性，缺乏多案例比较的宏观视野，在一定程度上未能体现旅游对传统村落社区居民身份建构影响的全貌。另一方面，本研究所采集的数据为断面数据，时间跨度不足，缺乏对案例地、受访对象的跟踪观察和采访。在未来的研究中，本研究团队将采用比较研究的方法对多个案例进行综合对比研究，力图对传统村落社区居民身份认同的问题有一个较为全面系统的解析。同时，随着后续研究的跟进，笔者将会对案例地和居民进行跟踪调查，进而覆盖多个年龄层的人群，并动态地审视当地人地关系的演化情况。

第4章 社区居民旅游扶贫效应感知与参与意愿

4.1 研究问题提出

近年来,乡村旅游在助推区域经济增长、传承民族优秀传统文化、引导农业产业融合发展等方面发挥着重要作用,已成为贫困地区解决"三农"问题并实现乡村振兴的重要抓手(Man & Jones, 2007)。2015年12月颁布的《中共中央 国务院关于打赢脱贫攻坚战的决定》中指出,贫困地区应依托独特的人文自然资源优势,因地制宜推进乡村旅游扶贫,让贫困人口分享旅游红利并实现脱贫致富①。在我国诸多民族地区,自然环境优越且保留着独特的民族传统文化,具有发展乡村旅游的天然优势。因此,实施旅游扶贫发展模式是推动民族地区强区富民和乡村振兴的重要手段(李燕琴, 2015)。与此同时,旅游业作为最具潜力的幸福产业,也是提高社区居民生活质量、满足人民对美好生活向往的重要载体。

社区居民作为旅游扶贫的关键对象,不仅是当地旅游吸引物的有机组成部分,也是旅游产业发展的重要利益相关者(孙九霞, 2009)。提升他们的获得感、幸福感和安全感是新时代民生建设的重要目标。社区居民通过参与旅游发展可以有效解决生计问题,是促进当地旅游业可持续发展的前提和基础(郭为等, 2017)。然而,由于乡村旅游发展涉及政府、企业、居民及游客等多方利益相关者,在旅游扶贫推进过程中容易出现项目运营不合理、利益分配机制不科学、管理存在漏洞等问题,导致经济漏损、精英俘获和公地悲剧等现象时有发生,社区居民常处于"旅游去权"状态(李锋, 2017;兰金秋等, 2019)。这在一定程度上影响了社区居民生活质量的提高和旅游参与的积极性,给当地旅游业的可持续发展带来诸多不利影响。

民生福祉是国民经济和社会发展的核心议题。近年来,"主观幸福感"作为民生问题的重要表征内容,已成为学术界关注的焦点(党云晓等, 2018;邢占军和张羽, 2007;张学志和才国伟, 2011)。学者们提出,主观幸福感是衡量个体和社会生活质

---

① 中共中央 国务院关于打赢脱贫攻坚战的决定[EB/OL].[2021-09-02]. http://www.gov.cn/xinwen/2015-12/07/content_5020963.htm.

量的重要心理指标，对于构建旅游地和谐社会关系具有突出意义（孙九霞，2009；张学志和才国伟，2011）。纵观民族地区旅游扶贫与社区居民的相关研究可以发现，研究内容主要聚焦于旅游影响感知、满意度、支持度、参与意愿等方面（李瑞等，2016；尹寿兵和刘云霞，2013；冯章献，2019；王兆峰和向秋霜，2017；左冰和保继刚，2008；孙鑫等，2017），而对社区居民主观幸福感的关注相对不足。旅游扶贫效应感知、主观幸福感及旅游扶贫参与意愿之间的影响机制，更是缺乏探讨。这不仅不利于从微观视角认识民族旅游地社区居民的生活状态和民生福祉问题，同时也不利于全面厘清主观幸福感、旅游扶贫效应感知、社区参与等变量间的交互机制。

因此，本文拟选取贵州省梵净山周边的3个典型民族村寨（寨沙侗寨、云舍土家村和寨抱村）作为研究案例，从社区居民旅游扶贫效应感知、主观幸福感、旅游扶贫参与意愿三者的关系出发构建研究模型，并通过问卷调查数据对其进行验证。通过本研究，力图进一步明晰旅游扶贫情境下居民主观幸福感对社区参与意愿的复杂影响机制，同时也为民族地区旅游减贫和乡村振兴相关政策的制定提供参考。

4.2 文献综述与研究假设

4.2.1 旅游扶贫与居民感知

早在20世纪五六十年代，学者们就开始注意到旅游开发不仅能促进区域经济发展，而且还能够为社区创造就业机会、提高旅游地居民收入，从而使贫困人口受益（Scheyvens，2007）。1999年，英国国际发展局（UK Department For International Development，DFID）提出扶贫旅游（Pro-Poor Tourism，PPT）战略，强调旅游扶贫应关注旅游地贫困人口的利益。随后，世界旅游组织（Word Tourism Organization，UNWTO）提出"消除贫困的可持续旅游"发展理念（Sustainable Tourism for Eliminating Poverty，ST-EP），强调把可持续旅游作为摆脱贫困的手段（Chok et al.，2007）。在此基础上，不同国家（地区）根据自身特点，积极探索旅游扶贫形式，并提出了"文化+旅游""农业+旅游""休闲+旅游"等多种模式，为解决贫困问题做出了重要贡献（Scheyvens，2007；Chok et al.，2007）。毫无疑问，旅游扶贫是以旅游产业发展为杠杆的扶贫方式，可以有效促进贫困地区资源优化配置和产业升级，提高当地居民收入、繁荣地方经济，最终实现乡村全面振兴（王金伟和孙爽，2019）。

乡村旅游的扶贫效应问题一直是学者们关注的重点。从宏观层面来看，乡村旅游能够有效推动贫困地区经济结构转型、改善基础设施条件、提升生态环境质量，对当地经济、社会文化、自然环境均会产生不同程度的综合影响（马勇和张梦，2019）。Mason 和 Cheyne 提出，旅游发展能改善当地基础设施状况、创造就业机会、促进地区经济发展等，但与此同时，也会产生交通拥堵、环境污染、噪声增加等诸多负面影响（Mason & Cheyne，2000）。从微观层面来看，乡村旅游对当地居民的生产生活方式也会产生一定影响。Jönsson 研究发现，旅游不仅可以为居民提供多元化的生计策略，使其获得经济收益，而且还可能改变他们的思想观念并提升其社会地位（Jonsson，2012）。同样地，孙九霞等（2020）也指出，乡村旅游可以通过"推动经济生产要素的在地重聚、促进乡村多维文化的自在传承、实现乡村公共治理的地方嵌入"等方式，实现旅游发展与乡村振兴的融合。因此，乡村旅游是一种重要的扶贫方式，对旅游地的经济、社会、环境等方面均会产生不同程度的影响。

社区居民作为旅游扶贫的核心对象，其感知和态度是评价旅游扶贫效应的重要依据。通过现有研究可以发现，社区居民对旅游影响的感知与其所获利益有关，且不同利益相关群体对旅游发展效应的感知存在明显差异（Mcgehee & Andereck，2004）。Byrd 等（2009）发现，企业家和政府官员、居民和政府官员、居民和企业家、居民和游客之间对旅游影响的感知存在明显差异，同时他们对发展旅游业的态度也不尽相同。同时，Smith 和 Krannich 也提出，乡村旅游社区可以划分为旅游饱和型、旅游实现型和旅游饥饿型 3 类，在不同类型的社区中，当地居民对旅游业的依赖程度和发展态度存在显著差异（Smith & Krannich，1998）。韩磊等（2019）对恩施州旅游扶贫重点村居民的旅游影响感知进行了分析，发现社区居民对扶贫效应、素质提升等的感知存在较大的内部差异。总的来看，社区居民对旅游业的感知与态度主观上受到个人对旅游的依赖度、参与程度和人口学特征等因素的影响，客观上则受到当地旅游业整体发展水平的影响（李瑞等，2016；尹寿兵和刘云霞，2013；王兆峰和向秋霜，2017）。

民族地区是我国旅游扶贫和乡村振兴的主阵地。受历史、地理等多重因素的影响，我国民族地区的社会经济发展相对落后，人民生活水平普遍偏低。但这些地区保留着良好的自然生态环境和丰富的传统文化，具有发展乡村旅游的天然优势。多年来，在各级政府和社会主体的共同努力下，我国民族地区旅游产业发展迅速，并在脱贫攻坚和乡村振兴方面发挥了重要作用（邓辉和郭碧君，2020）。然而，由于当地居民的旅游经营意识不强、专业技能缺乏、旅游工作经验不足等原因，导致其旅游扶贫的参与能力较弱（邓辉和郭碧君，2020；李雯，2020）。同时，由于在旅游扶贫推进过程中，容易出现利益分配不均、少数社区精英控制资源等问题，常导致部分居民处于"去权"的消极状态,成为乡村旅游发展过程中的"弱势群体"。如何提升社区居民的旅游参与能力并切实提高其旅游发展获益,已成为民族地区乡村旅游发展过程中不得不面对的问题。

4.2.2 主观幸福感

幸福感是一个社会心理学概念,属于生活质量研究的重要范畴。早在20世纪60年代就有学者开始关注幸福感议题,并对其基本内涵和适用情境进行了廓清(梁增贤,2019)。而后,随着学术界的持续关注,幸福感的内涵和外延得到进一步扩展(粟路军和唐彬礼,2020)。学者们指出,从心理学上来讲,幸福感可以分为客观幸福感和主观幸福感。前者是基于生活质量、舒适度和效用等指标对国家或地区做出的整体性判断(党云晓等,2014);后者则是从个体对生活状态感受的角度分析主体的快乐感、满足感和价值感以及其情感状态(张丹婷和邢占军,2019)。作为个体生活质量的重要衡量指标,主观幸福感已成为心理学、经济学、管理学众多领域研究的焦点(党云晓等,2014;张丹婷和邢占军,2019)。根据目标理论可知,在社会生活中当个体目标得到心理满足时,主观幸福感水平往往会得到相应提高(Mcgillivray,2005)。研究发现,主观幸福感受到多方面因素的影响,其中,内在因素有性格、年龄、教育背景和生活状况等,外在因素则涉及收入、经济和环境等方面(Zhang & Churchilli,2020)。可以发现,主观幸福感是一个受多方面因素影响的复杂心理状态,能够有效评估个体在某一阶段的情绪反应和生活质量。

近年来,"主观幸福感"被引入旅游领域,并得到广泛研究。学者们发现,对游客来说,旅游可以满足"吃喝玩乐"等感官带来自然幸福感,也可以实现社会交流带来亲密感和认同感,还能够通过促进人的自由而全面的发展实现最高境界的"幸福"(张丹婷和邢占军,2019)。同时,不同形式的旅游活动对旅游者主观幸福感的影响也略有不同。其中,观光、节事等旅游活动往往只能带来短时间的幸福体验,文化旅游、志愿者旅游等则可能带来一个较长时间的主观幸福感,而研学旅行、观光朝圣等则可为旅游者带来长久的主观幸福感(Smith & Diekmann,2017)。此外,一些学者还探究了旅游者主观幸福感的内在影响机制,发现旅游活动不仅可以提升人们在旅游过程中的幸福度,同时还可以提升游前和游后日常生活的满意度和主观幸福感(吴艾凌等,2020)。毫无疑问,旅游日益成为人们追求诗和远方的幸福产业,对提升人们的生活品质至关重要。

旅游地社区居民的主观幸福感,是备受学术界关注的重要研究内容。一般来说,旅游地社区居民的主观幸福感更多地受到当地旅游业发展情况的影响。尤其当旅游发展为当地社区带来的正面效应越明显时，居民们感受到的幸福感就越强烈；相反，贫富差距加大、生活环境破坏等负面效应越明显时，他们的幸福感则会显著降低（高园，2012；Suess et al.，2018）。李燕琴（2011）发现，社区居民虽然对于发展旅游持较为积极的支持态度，但是由于在经济、社会和文化影响感知上面临的诸多问题，在一定程度上制约了其主观幸福感的提升。同样地，李东等（2020）发现经济状况、社区环境和社区归属感显著正向影响旅游地社区居民的主观幸福感。Chi 等（2017）指出，遗产旅游情境下社区居民对经济地位、社区意识和社会环境条件等方面的感知越高时，其主观幸福感就越强。与之相对，Zucco 等（2020）提出过度旅游及其带来的负面影响会严重削弱社区居民的主观幸福感。张彦和于伟（2014）也发现，主客冲突对历史街区居民的主观幸福感具有消极影响。此外，Ozturk 等（2015）认为，社区居民对旅游发展所带来的正面影响（含社会文化、环境和经济）感知会显著正向影响其主观幸福感，而消极的社会文化和环境影响感知则对其主观幸福感起到显著的负向影响。总的来看，尽管社区居民的旅游发展效应感知与主观幸福感均属于个体主观心理认知范畴，但是两者存在一定的前后影响关系。一般来说，当旅游发展正效应感知越强时，其主观幸福感也会越高；反之亦然。

4.2.3 社区参与

社区参与包括决策和选择过程的介入、权利和责任的匹配、地方性知识的尊重和创新、自我组织利益共享机制的建立等内容（许汉泽和李小云，2018）。在旅游领域，Murphy（1985）在其著作《旅游：一种社区方法》（Tourism: A Community Approach）中首次提出了"社区参与"概念，倡导从社区角度解决旅游发展带来的经济、社会、环境等负面问题。1997 年，世界旅游组织（UNWTO）、世界旅游理事会（World Travel & Tourism Council）与地球理事会（Earth Council）明确提出，社区参与是旅游可持续发展的重要环节，具有重要的推广意义（张广瑞，1998）。在旅游扶贫实践中，社区参与涉及旅游地居民或团体参与旅游业的发展决策、经营管理、环境保护及经济收益分配等多个环节，既包括旅游经济活动，也包括旅游发展决策和管理（潘秋玲和李九全，2002）。可以说，社区参与是推动旅游扶贫模式从注重短期效应向长久化和精细化转型的有效载体，同时也是通过"权力"提升实现目的地协同治理的客观需求。

20 世纪 90 年代末，社区参与理念开始引入国内旅游领域，并引起了诸多学者的关注。孙九霞和保继刚（2005）提出，社区居民高度参与的发展模式才是真正有效的旅游发展方向。早期，学者们围绕社区参与的基本理论、社区参与模式、利益分配机制、参与效果与提升对策等议题展开了深入研究（郭迪等，2015）。而后随着发展的深入，学者们进一步指出要从"社区参与"扩展到"社区增权"，通过旅游增权来确保居民的参与水平（王纯阳和黄福才，2013）。在长期的经济社会发展中，由于经济条件限制、知识储备缺乏等原因，贫困人口常常处于一种"失权"状态。同时，在社区参与中他们往往缺乏主观能动性，处于被动参与的状态，使得社区居民在旅游扶贫推进过程中常常出现参与率不高、参与意愿不强和参与效果不佳等问题（张机，2017）。因此，基于"赋权"视角提升社区居民参与旅游发展的积极性，对于提升旅游扶贫实效至关重要。

居民的旅游参与意愿是反映社区旅游参与水平的重要依据，受到诸多因素的影响。Truong 等（2014）研究发现，"穷人"对贫困的理解与学术界和政策制定者有很大的不同，他们的旅游参与意愿与旅游带来的生活质量改善密切相关。刘逸等（2020）指出，社区旅游参与有效提高了旅游发展嵌入性，且嵌入程度的高低与旅游发展水平、利益分配机制和学习机制关联紧密。而对于民族地区来说，居民的社区参与意愿及其影响因素则更为复杂多样。郭凌和王志章（2014）研究后指出，泸沽湖民族旅游地的社区参与制度已经嵌入地方社会的社会网络中，并通过所嵌入的社会网络对行动主体发挥约束作用。未来，应从借用社区的非正式制度、重视既有的社会网络、推动民族旅游社区的精英治理、发挥行动主体的积极性等4个方面更好地构建社区参与制度（郭凌和王志章，2014）。Chen 等（2017）发现，贵州郎德苗寨自发展旅游业以来，建立了有效的社区组织，社区参与成为当地居民旅游受益的有效途径。与此同时，学者们还发现，民族村寨居民的社区参与意愿与旅游获益感密切相关。一般来说，社区参与程度越高，获益感越强；反之，则越弱（冯晓华和孟晓敏，2013；Wang et al.，2010）。

总的来看，在旅游情境中，民族村寨属于一个特殊的地理单元。与一般旅游地相比，它们往往具有独特而典型的传统文化和自然生态环境，但是由于自然、社会、交通、区位等多重因素的叠加影响，大多处于欠发达状态，社区居民受教育程度普遍偏低、生活条件不甚理想。与此同时，在一些民族地区，社区居民虽然对发展旅游业的积极性较高，然而参与程度却处于较低水平，真正从旅游业中所获利益十分有限（时少华和李享，2019）。如何提高民族村寨居民的社区参与能力，并切实提升他们的生活质量和主观幸福感,成为旅游扶贫和乡村振兴过程中不得不考虑的一个重要问题。尽管目前已有研究对民族地区居民的旅游影响感知、社区参与、主观幸福感等议题进行了深入分析,但是将它们统合于旅游扶贫情境下,并对其内在影响机制进行系统研究者尚少。因此,本文将在剖析民族地区居民旅游扶贫效应感知的基础上,进一步探讨其对主观幸福感和旅游扶贫参与意愿的影响机理,力图为该领域的理论研究提供一个新的视角,同时也为相关现实问题的解决提供参考。

4.2.4 研究假设

旅游扶贫效应感知、主观幸福感和社区参与意愿是旅游地居民心理与行为研究中的重要概念。明晰三者间的影响关系对于深入探讨民族旅游地居民感知和态度、提升居民主观幸福感具有重要意义。然而,现有相关研究以民族旅游地社区居民为研究对象探讨上述变量间影响关系者甚少。故而,本文将基于一般旅游地居民旅游影响感知与态度的相关研究,结合旅游扶贫情境,进行研究假设的文献梳理和逻辑推演。

近年来,学者们对社区居民的旅游发展效应感知和态度之间的影响关系进行了诸多研究。Nawijn 和 Mitas(2012)发现,社区居民旅游影响感知对其认知层面的生活满意度具有显著的正向影响。Li 等(2019)指出,旅游发展获益感知对社区居民主观幸福感具有显著的正向影响,旅游成本感知对社区居民主观幸福感具有显著的负向影响。Wang 等(2010)指出,旅游业发展能够对当地居民的生活质量产生影响,并进一步对他们的旅游发展态度产生正向影响。与此同时,Cottrell 等(2013)发现旅游业的正效应会对居民态度产生积极影响,并能显著提高其主观幸福感。李东等(2020)研究指出,经济状况和社区环境影响感知会显著正向影响居民的主观幸福感。而高园(2012)发现,旅游业发展从经济、社会、生态、文化和政治等不同方面对居民的主观幸福感产生深入影响。那么,在旅游扶贫背景下,民族旅游地社区居民的旅游发展效应感知和主观幸福感之间是否存在显著的影响关系?为了回答这一研究问题,本文提出以下研究假设:

H1:旅游扶贫正效应感知对主观幸福感产生显著正向影响

H2:旅游扶贫负效应感知对主观幸福感产生显著负向影响

社区参与是民族地区旅游业可持续发展的重要内容和关键环节。通常来说,旅游发展会给旅游地带来经济、社会、文化等多维度的影响,居民对旅游影响的认知不同,其对于旅游业的态度也往往存在差异。近年来,学者们对居民旅游参与意愿的前因变量进行了诸多探讨。Zhang 和 Lei(2012)发现,社区居民对生态旅游的认知和态度,通过环境保护知识和旅游景观设计亲和力，影响其旅游参与意愿和热情。Ribeiro 等（2017）指出，社区居民对旅游业发展的经济正效应和负效应感知均会影响其旅游参与意愿。此外，Sirivongs 和 Tsuchiya（2012）以自然旅游地的社区居民为研究对象，发现积极的旅游发展效应感知会对居民态度和旅游参与意愿产生显著影响。杨秋宁（2016）指出，德峨镇女性参与旅游工作的意愿与经济和社会文化正效应因子之间存在显著的正向影响关系，与社会文化和环境负效应因子之间存在显著的负向影响关系。那么，在民族地区旅游扶贫情境下，当地居民的旅游参与意愿是否受效应感知的影响？两者的作用形式是否有异于其他研究案例地？为了回答上述问题，本文提出以下假设：

H3：旅游扶贫正效应感知对旅游扶贫参与意愿产生显著正向影响

H4：旅游扶贫负效应感知对旅游扶贫参与意愿产生显著负向影响

主观幸福感是评价社区居民心理状态的重要概念。它在效应感知（认知）和参与意愿（意向）的影响关系中起到一定程度的传导作用。Suess 等（2018）指出，旅游所产生的积极效应越明显，居民对旅游的满意度和主观幸福感则越强烈；同时，主观幸福感会对居民的旅游参与意愿产生积极影响。此外，刘美辰（2018）指出，构成居民社区心理融入的情感认同因素对垃圾分类政策参与影响显著，而社区心理距离和关系需求的满足则通过主观幸福感对垃圾分类政策参与产生显著影响。那么，民族地区居民在旅游扶贫的推动下，其主观幸福感是否会影响到社区居民的旅游参与意愿？同时，主观幸福感是否会在效应感知和参与意愿的影响关系中起到中介传导作用？为了回答这些问题，并结合前述研究假设 H1~H4，本文提出以下假设：

H5：主观幸福感对旅游扶贫参与意愿产生显著正向影响

H6：主观幸福感在旅游扶贫正效应感知对旅游扶贫参与意愿的关系中具有中介效应

H7：主观幸福感在旅游扶贫负效应感知对旅游扶贫参与意愿的关系中具有中介效应

旅游从业经历是影响社区居民旅游影响感知和态度的重要因素（王纯阳和屈海林，2014；Haralambopoulos & Pizam，1996）。Kuvan 和 Akan（2005）发现，从事旅游相关工作的居民由于能够从旅游发展中获益，往往更能"忍受"旅游发展过程中出现的负面影响，而未从事旅游相关职业的居民在旅游效应感知方面存在一定差异。因此，一些学者指出，在生计上依赖旅游业或者感知到经济上获益较大的居民，往往更趋向于对旅游的经济影响持正面评价，并会以更为积极的态度支持当地旅游的发展

（Snaith & Haley，1999；Jurowski et al.，1997）。裴锦泽（2017）发现，从业经历是影响农户参与休闲农业的行为的重要因素之一。同时，高倩（2011）指出，旅游地居民主观幸福感与居民参与旅游业的程度存在显著相关，从事与旅游相关工作的居民主观幸福感较高。那么，在旅游扶贫情境下，对于旅游从业经历不同的居民而言，他们的旅游扶贫效应感知、主观幸福感、旅游扶贫参与意愿之间的影响关系是否会呈现出显著差异？为了回答这一问题，本文提出以下研究假设：

H8：旅游从业经历在旅游扶贫正效应感知对主观幸福感的影响中起调节作用

H9：旅游从业经历在旅游扶贫负效应感知对主观幸福感的影响中起调节作用

H10：旅游从业经历在旅游扶贫正效应感知对旅游扶贫参与意愿的影响中起调节作用

H11：旅游从业经历在旅游扶贫负效应感知对旅游扶贫参与意愿的影响中起调节作用

H12：旅游从业经历在主观幸福感对旅游扶贫参与意愿的影响中起调节作用

4.2.5 研究模型

根据上述研究假设，构建由旅游扶贫效应感知、主观幸福感、旅游从业经历与旅游扶贫参与意愿构成的研究模型（图4-1）。该模型包括5个结构变量和12个研究假设。

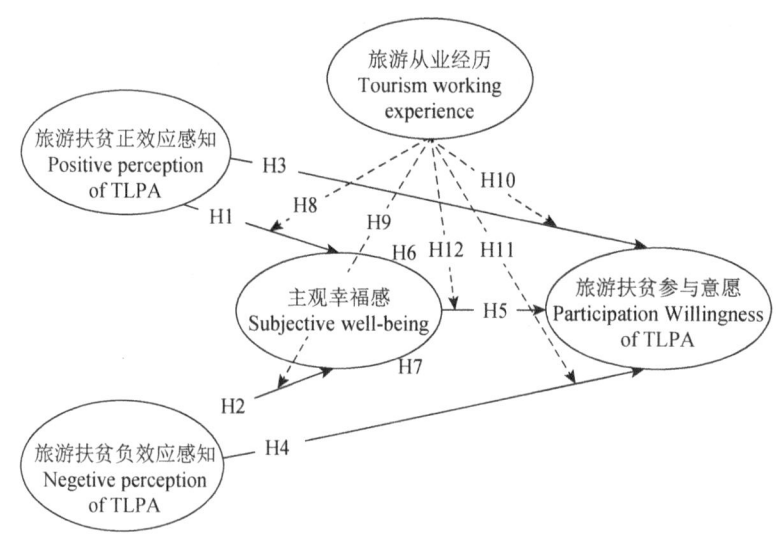

注："TLPA"表示"旅游扶贫"（Tourism-Led Poverty Alleviation）

图4-1 研究模型

4.3 研究设计

4.3.1 案例地概况

本研究的案例地位于贵州省铜仁市江口县，地处梵净山景区周边。2018年7月2日，在第42届世界遗产大会上，梵净山被认定为世界自然遗产。2018年10月17日，梵净山成功晋升为国家5A级景区。作为国家级自然保护区、世界"人与生物圈保护网"（Man And Biosphere Reserve Network，MAB）成员，梵净山拥有中国十大避暑名山、佛教名山等诸多荣誉称号。近年来，江口县主打环梵净山"金三角"文化旅游创新区战略牌，开创了"景区带村"的旅游扶贫新模式。在梵净山景区的带动下，亚木沟景区、云舍土家村也开始大力发展乡村旅游，使得寨沙侗寨、寨抱村和云舍土家村走上了旅游扶贫的致富之路。2019年，江口县入选"中国县域旅游竞争力百强县市"。值得注意的是，旅游扶贫在促进基础设施改善、带动经济发展、提高居民生活质量的同时，也产生了社区参与率不高、环境质量下降等问题。寨沙侗寨、寨抱村和云舍土家村的旅游发展进程，是中国民族地区旅游扶贫的一个缩影，能够较好地反映居民在旅游发展过程中的态度倾向及其内在影响机理。因此，研究选取三者作为案例地，具有一定的典型性和代表性。

4.3.2 问卷设计

本文在参考国内外相关文献的基础上，结合专家意见对调查问卷进行了设计。（1）旅游扶贫效应感知。在参考Šegota等（2017）、汪侠等（2017）相关研究的基础上，并结合案例地的实际情况，从经济、社会和环境3个维度的正负两个方面对旅游扶贫效应感知量表进行设计，共包括37个题项。（2）旅游扶贫参与意愿。参照卢冲等（2017）关于藏区贫困农牧民参与旅游扶贫意愿的相关研究，设计了题项"我愿意参与到旅游扶贫工作之中"以测量社区居民旅游扶贫参与意愿。（3）主观幸福感。为了更为精准地测量社区居民的主观幸福感，并兼顾被调查者的理解程度（通俗易懂性），本文在参考傅利平和贾才毛加（2017）的相关研究的基础上，采用单维度指标"总的来说，您觉得您的生活是否幸福？"测量社区居民的主观幸福感。（4）样本的人口统计学特征。主要包括性别、年龄、出生地、居住时间、旅游从业经历等题项。其中，第1~3部分的题项采用5点Likert量表测量居民的感知和态度，第4部分为单项选择题。

4.3.3 数据收集

2019年2月，调查人员采取随机拦访和入户调查的方式，分别在云舍土家村、寨沙侗寨和寨抱村进行了问卷调查。全程共发放问卷428份，收回406份，回收率为94.9%。剔除回答不完整、答案为同一选项及其他不符合作答要求的问卷后，共得到有效问卷394份，有效率为92.1%。

调查样本的基本情况如表4-1所示。性别上，男女比例基本相当，分别为48.7%和51.3%。年龄方面，各个年龄段分布较为均衡，其中，18~30岁的受访居民比例最高，达到21.8%。出生地方面，在当地出生者占72.3%，而非当地出生者仅为27.7%。在居住时间方面，以在当地居住10年以上的居民为主，占比达73.9%。旅游从业经历方面，无从业经历者比例较高，为58.1%；其次为旅游从业经验大于5年者，占比为17.1%。在样本来源上，来自云舍土家村的居民占比最高，达44.9%；寨抱村次之，为32.2%；寨沙侗寨比例最低，仅为22.9%。

表 4-1 调查样本人口统计学特征

变量 Variable	属性 Attribute	频数 Amount	频率 /% Frequency	变量 Variable	属性 Attribute	频数 Amount	频率 /% Frequency
性别 Gender	男性	192	48.7	居住时间 Length of residence	5年及以下	52	13.2
	女性	202	51.3		6~10年	51	12.9
年龄 Age	18岁以下	28	7.1		11~20年	48	12.8
	18~30岁	86	21.8		21~30年	52	13.2
	31~50岁	73	18.5		30年以上	191	48.5
	51~60岁	75	19.1	出生地 Birth place	当地	285	72.3
	60岁以上	46	11.7		外地	109	27.7
旅游从业经历 Tourism working experience	无	229	58.1	来源村寨 Source village	云舍土家村	177	44.9
	小于3年	49	12.4		寨抱村	127	32.2
	3~5年	49	12.4		寨沙侗寨	90	22.9
	大于5年	67	17.1				

4.4 结果分析

4.4.1 探索性因子分析

本文采用SPSS 25.0软件对旅游扶贫正负效应感知题项分别进行了探索性因子分析。其中，正效应感知的分析结果显示，KMO值为0.898，Bartlett's球形检验值为

5135.799，伴随概率值为 0.000，表明量表的内部原始变量间存在较高的相关性，适宜做因子分析。利用主成分分析法，以因子载荷低于 0.4、交叉载荷大于 0.4、因子对应的题项数少于 2 等标准作为题项删选依据，选用方差最大化正交旋转法提取公因子。历经多轮淬炼，最终析出由 16 个题项构成的 3 个公因子，总解释方差占比为 61.904%，且 3 个公因子的 Cronbach's α 系数均大于 0.6，表明各因子内部一致性较强（表 4-2）。根据因子载荷矩阵，将 3 个公因子依次命名为：F1（经济正效应感知）、F2（社会文化正效应感知）、F3（生活环境正效应感知）。

表 4-2 探索性因子分析

变量 Variable	因子 / 项目 Factor/item	因子载荷 Factor loading	均值 Mean	特征根 Eigenvalue	解释方差百分比 Variance explained	克朗巴哈 α 系数 Cronbach's α
旅游扶贫正效应感知 Positive perception of tourism-led poverty alleviation	F_1：经济正效应感知		3.631	5.045	31.532%	0.934
	X_2 增加了村民就业机会	0.851	3.734			
	X_3 拓宽了家庭增收渠道	0.849	3.657			
	X_4 带动了其他相关产业发展	0.819	3.607			
	X_6 提高了村民经济收入	0.819	3.614			
	X_5 促进了当地农产品销售	0.794	3.589			
	X_1 促进了当地经济发展	0.790	3.759			
	X_7 解决了可持续生计问题	0.724	3.457			
	F_2：社会文化正效应感知		3.663	2.873	17.955%	0.783
	X_{14} 促进了当地传统文化的保护	0.713	3.746			
	X_{15} 促进了与外界的信息交流	0.707	3.812			
	X_{20} 促进了民族团结	0.683	3.457			
	X_{13} 促进了村民思想观念进步	0.676	3.708			
	X_{19} 增加了村民的受教育机会	0.669	3.594			

续表

变量 Variable	因子/项目 Factor/item	因子载荷 Factor loading	均值 Mean	特征根 Eigenvalue	解释方差百分比 Variance explained	克朗巴哈α系数 Cronbach's α
旅游扶贫正效应感知 Positive perception of tourism-led poverty alleviation	F_3: 生活环境正效应感知		3.525	1.987	12.417%	0.673
	X_{30} 改善了村民住房条件	0.767	3.322			
	X_{31} 提高了清洁能源使用比例	0.734	3.246			
	X_{29} 提高了信息通信便利化	0.528	3.746			
	X_{26} 改善了当地基础设施	0.506	3.784			
旅游扶贫负效应感知 Negative perception of tourism-led poverty alleviation	F_4: 社会文化负效应感知		2.326	3.444	26.495%	0.881
	X_{22} 破坏了当地淳朴民风	0.842	2.338			
	X_{24} 破坏了村民家庭和睦	0.835	2.203			
	X_{23} 导致了村民产生不安全感	0.805	2.396			
	X_{21} 导致了当地犯罪率上升	0.762	2.264			
	X_{25} 干扰了村民正常生活	0.688	2.429			
	F_5: 生活环境负效应感知		2.827	2.906	22.353%	0.877
	X_{36} 导致了当地交通拥堵	0.852	2.810			
	X_{35} 侵占了当地农业用地和森林	0.841	3.018			
	X_{37} 破坏了当地宁静的生活氛围	0.797	2.759			
	X_{34} 导致了当地环境污染	0.681	2.721			
	F_6: 经济负效应感知		3.338	2.723	20.948%	0.827
	X_9 导致了物价上涨	0.850	3.256			
	X_8 扩大了贫富差距	0.810	3.305			
	X_{10} 增加了生活成本	0.808	3.447			
	X_{11} 只有少数人受益	0.688	3.345			

负效应感知的分析结果显示，KMO 值为 0.884，Bartlett's 球形检验值为 2883.096，伴随概率值为 0.000，适宜做因子分析。同样依据前述分析方法和题项删选标准进行数据分析，可以发现共能析出由 13 个题项构成的 3 个公因子，总解释方差占比为 69.796%，且 3 个公因子的 Cronbach's α 系数均大于 0.8，表明量表内部一致性较强（表 4-2）。根据因子载荷矩阵，将 3 个公因子依次命名为：F4（社会文化负效应感知）、F5（生活环境负效应感知）、F6（经济负效应感知）。

从均值分析来看，旅游扶贫正效应感知析出的 3 个公因子均值得分均在 3.5 分以上，其中，"社会文化正效应感知"最高，为 3.663；"经济正效应感知"次之，为 3.631；"生活环境正效应感知"为 3.525，表明受访者对于旅游扶贫的社会文化、经济、生活环境不同维度的正向感知明显，对旅游扶贫正效应具有较高的认知水平。从旅游扶贫负效应感知维度来看，3 个公因子均值差别较大，其中，"经济负效应感知"均值相对最高，为 3.338；"生活环境负效应感知"次之，为 2.827；最低的是"社会文化负效应感知"，为 2.326，表明受访者对于旅游扶贫带来的经济负效应较为认可，而社会文化和生活环境负效应感知不明显。总体而言，当地居民既能够充分认识到旅游扶贫所带来的增加就业机会、促进当地经济发展、提高家庭收入等积极效应，也在一定程度上感受到了物价上涨、生活成本增加、利益分配不均等问题。

4.4.2 变量间的相关分析

为更好地检验旅游从业经历的调节作用，对"旅游从业经历（您从事旅游相关工作的时间）"的相关选项进行合并，将从事旅游相关工作时间为"3 年以下""3~5 年""5 年以上"的 3 个选项合并为"有旅游从业经历"，编码为 1（样本数量为 165）；从事旅游相关工作时间为"无"则归属为"无旅游从业经历"，编码为 0（样本数量为 229），由此将"旅游从业经历"变更为二分类变量。在此基础上，对本研究所涉及的自变量、因变量、调节变量之间的相关性进行分析（表 4-3）。结果表明，主观幸福感与经济正效应感知（$\gamma=0.366$，$p<0.01$）、社会文化正效应感知（$\gamma=0.328$，$p<0.01$）、生活环境正效应感知（$\gamma=0.247$，$p<0.01$）之间存在显著的正向影响关系，而与社会文化负效应感知（$\gamma=-0.184$，$p<0.01$）、生活环境负效应感知（$\gamma=-0.158$，$p<0.01$）之间存在负向的影响关系。同时，旅游扶贫参与意愿与经济正效应感知（$\gamma=0.388$，$p<0.01$）、社会文化正效应感知（$\gamma=0.300$，$p<0.01$）、生活环境正效应感知（$\gamma=0.262$，$p<0.01$）、主观幸福感（$\gamma=0.332$，$p<0.01$）之间存在显著的正向影响关系。上述自变量与因变量之间的相关关系，为

下文研究各主要变量之间的影响关系奠定了基础。

表4-3 各变量的均值、标准差及相关系数

变量 Variables	PE	PS	PL	NS	NL	NE	TWE	SWB	PW
1.经济正效应感知（PE）	1								
2.社会文化正效应感知（PS）	0.485**	1							
3.生活环境正效应感知（PL）	0.523**	0.472**	1						
4.社会文化负效应感知（NS）	-0.221**	-0.171**	-0.212**	1					
5.生活环境负效应感知（NL）	-0.064	-0.090	-0.187**	0.550**	1				
6.经济负效应感知（NE）	-0.028	-0.025	-0.140**	0.316**	0.414**	1			
7.旅游从业经历（TWE）	0.269**	0.098	0.110*	0.015	0.046	0.095	1		
8.主观幸福感（SWB）	0.366**	0.328**	0.247**	-0.184**	-0.158**	-0.073	0.057	1	
9.旅游扶贫参与意愿（PW）	0.388**	0.300**	0.262**	-0.063	-0.051	0.022	0.192**	0.332**	1
均值（Mean）	3.63	3.66	3.53	2.33	2.83	3.34	1.42	3.88	3.81
标准差（SD）	0.81	0.64	0.66	0.88	0.99	0.83	0.49	0.86	0.84

注：**$p < 0.01$；PE指代Positive perception of economic effects，PS指代Positive perception of socio-culture effects，PL指代Positive perception of living environment，NS指代Negative perception of socio-culture effects，NL指代Negative perception of living environment，NE指代Negative perception of economic effects，TWE指代Tourism working experience，SWB指代Subjective well-being，PW指代Participation willingness of tourism-led poverty alleviation。

4.4.3 阶层回归分析

为验证研究假设H1~H5，本文分别以旅游扶贫参与意愿和主观幸福感作为因变量，进行了5次阶层回归分析（表4-4）。首先，由于居民的部分人口统计学特征可能影响回归结果，参照Horng等（2012）的做法，将人口统计学特征变量中的"性别""年龄""出生地""居住时间""旅游从业经历"等5个题项进行标准化处理后作

为控制变量。其次，将探索性因子中析出的 6 个居民旅游扶贫效应感知因子按照因子得分保存为变量。而后，以旅游扶贫参与意愿作为因变量，建立模型 M1~M4。其中，M1 引入人口统计学特征的 5 个变量，M2 在 M1 基础上加入正效应感知 3 个因子作为自变量，M3 在 M2 基础上加入负效应感知 3 个因子作为自变量，M4 在 M3 基础上加入主观幸福感作为自变量。而后，以居民主观幸福感作为因变量，建立模型 M5~M7。其中，M5 以人口统计学特征的 5 个变量作为自变量，M6 在 M5 基础上加入正效应感知的 3 个因子作为自变量，M7 在 M6 基础上加入负效应感知的 3 个因子作为自变量。分析结果如表 4-4 所示，具体包含以下内容：

（1）以旅游扶贫参与意愿作为因变量时，模型 M1 的 R^2 值为 0.003，表明人口统计学特征可以解释参与意愿 0.3% 的变化原因。F 检验未通过（F=2.027，$p > 0.05$），说明人口统计学特征对旅游扶贫参与意愿未产生显著的影响作用。模型 M2 的 F 值变化呈现显著性（$p < 0.01$），R^2 值由 0.003 上升至 0.174，表明正效应感知对参与意愿有 14.9% 的解释力度。具体来看，经济正效应感知因子（M2，β=0.284，$p < 0.01$）、社会文化正效应感知因子（M2，β=0.177，$p < 0.01$）和生活环境正效应感知因子（M2，β=0.112，$p < 0.01$）对参与意愿均有明显的正向影响作用，假设 H3 得到支持。模型 M3 的 F 值变化没有呈现出显著性，R^2 值变化仅为 0.007，意味着负效应感知对模型没有解释意义，假设 H4 不成立。模型 M4 的 F 值变化呈现出显著性（$p < 0.001$），R^2 值变化为 0.113，表明主观幸福感对旅游扶贫参与意愿有 11.3% 的解释力度。具体来看，主观幸福感对旅游扶贫参与意愿有明显的正向影响（M4，β=0.327，$p < 0.01$），假设 H5 得到支持。

表 4-4　分层回归分析结果

因变量 Dependent variable	旅游扶贫参与意愿 Participation willingness of TLPA				主观幸福感 Subjective well-being		
	M1	M2	M3	M4	M5	M6	M7
控制变量 Control variable							
性别 Gender	−0.014	0.045	−0.008	0.010	−0.073	−0.008	−0.059
年龄 Age	0.029	0.017	0.025	0.038	−0.027	−0.041	−0.027
出生地 Birth place	0.001	−0.035	−0.003	−0.006	0.021	−0.013	0.013

续表

因变量 Dependent variable	旅游扶贫参与意愿 Participation willingness of TLPA				主观幸福感 Subjective well-being		
	M1	M2	M3	M4	M5	M6	M7
居住时间 Length of residence	0.009	-0.053	-0.001	-0.030	0.120	0.064	0.099
自变量 Independent variable							
F1		0.284**				0.258**	
F2		0.177**				0.211**	
F3		0.112**				0.096*	
F4			0.052				-0.132**
F5			-0.056				-0.097*
F6			-0.034				-0.015
主观幸福感 Subjective well-being				0.327**			
R^2	0.003	0.174	0.009	0.115	0.009	0.165	0.045
ΔR^2	0.003	0.171	0.007	0.113	0.009	0.156	0.036
F	0.259	11.584***	0.512	10.126***	0.888	10.899***	2.610*
ΔF	0.259	26.616***	0.849	49.465***	0.888	24.038***	4.871**

注：*$p < 0.05$，**$p < 0.01$，***$p < 0.001$

（2）以主观幸福感作为因变量时，模型 M5 的 R^2 值为 0.009，F 检验未通过（F=0.888，$p > 0.05$）。可见，人口统计学特征中的相关变量不能具体解释居民的主观幸福感。模型 M6 的 F 值变化显著（$p < 0.05$），R^2 值由 0.009 上升至 0.165，表明正效应感知对旅游扶贫参与意愿有 16.5% 的解释力度。具体来看，经济正效应感知因子（M6，β=0.258，$p < 0.01$）、社会文化正效应感知因子（M6，β=0.211，$p < 0.01$）和生活环境正效应感知因子（M6，β=0.096，$p < 0.05$）均对主观幸福感有显著的正向影响，假设 H1 得到支持。模型 M7 的 F 值变化呈现出显著性（ΔF=4.871，$p < 0.01$），R^2 值变化为 0.036，表明负效应感知对主观幸福感存在显著影响，对主观幸福感有 3.6% 的解释力度。具体来看，社会文化负效应感知因子（M7，β=-0.132，$p < 0.01$）、生活环境负效应感知因子（M7，β=-0.097，$p < 0.05$）均对主观幸福

感有显著的负向影响,而经济负效应感知因子对主观幸福感不具有显著的负向影响（M7，β=-0.015，p＞0.05）。因此,假设 H2 部分成立。

4.4.4 中介效应检验

为进一步验证居民主观幸福感在旅游扶贫效应感知对旅游扶贫参与意愿的影响中是否具有中介效应,利用 Amos 24.0 软件中的 Bootstrap 抽样检验方法,设置重复抽样次数为 5000,对主观幸福感进行中介效应检验,结果如表 4-5 所示。

表 4-5 中介效应检验结果

变量	效应	点估计值	系数相乘积			Bootstrapping (5000)			
			标准误差 SE	统计量 Z		Bias-corrected 95% CI		Percentile 95% CI	
						Lower	Upper	Lower	Upper
F1→SWB→PW	IE	0.063	0.029	2.172		0.018	0.132	0.016	0.127
	DE	0.311	0.098	3.173		0.128	0.517	0.118	0.506
	TE	0.373	0.103	3.621		0.178	0.590	0.168	0.576
F2→SWB→PW	IE	0.076	0.035	2.171		0.027	0.173	0.023	0.160
	DE	0.198	0.132	1.500		-0.037	0.482	-0.045	0.476
	TE	0.274	0.140	1.957		0.028	0.577	0.021	0.567
F3→SWB→PW	IE	-0.001	0.032	-0.031		-0.074	0.055	-0.075	0.055
	DE	0.079	0.191	0.414		-0.275	0.453	-0.252	0.498
	TE	0.078	0.192	0.406		-0.289	0.450	-0.267	0.487
F4→SWB→PW	IE	-0.047	0.026	-1.808		-0.109	-0.003	-0.106	-0.001
	DE	-0.022	0.070	-0.314		-0.162	0.114	-0.161	0.114
	TE	-0.069	0.075	-0.920		-0.216	0.077	-0.218	0.076
F5→SWB→PW	IE	-0.028	0.021	-1.333		-0.074	0.007	-0.070	0.010
	DE	-0.018	0.053	-0.340		-0.124	0.085	-0.123	0.086
	TE	-0.046	0.055	-0.836		-0.154	0.058	-0.153	0.060
F6→SWB→PW	IE	0.007	0.033	0.212		-0.051	0.079	-0.052	0.077
	DE	0.101	0.079	1.278		-0.046	0.265	-0.048	0.261
	TE	0.107	0.096	1.115		-0.070	0.306	-0.070	0.305

注:SWB:主观幸福感（Subjective well-being）,PW:旅游扶贫参与意愿（Participation willingness of tourism-led poverty alleviation）

在正效应感知维度下:(1)主观幸福感在经济正效应感知与旅游扶贫参与意愿之间的间接效应和直接效应的点估计值分别为 0.063 和 0.311,Bias-corrected 95% 置信区间和 Percentile 95% 置信区间内均不包含 0,表明主观幸福感在经济正效应感知对旅游扶贫参与意愿的影响中起到部分中介作用。(2)主观幸福感在社会文化正效应感知与旅游扶贫参与意愿之间的间接效应点估计值为 0.076,且其 Bias-corrected 95% 置信区间和 Percentile 95% 置信区间内均不包含 0。而在直接效应中,其点估计值为 0.198,Bias-corrected 95% 置信区间和 Percentile 95% 置信区间内均包含 0,表明主观幸福感在社会文化正效应感知对旅游扶贫参与意愿的影响中具有完全中介作用。(3)主观幸福感在生活环境正效应感知与旅游扶贫参与意愿之间的间接效应和直接效应中,点估计值分别为 -0.001 和 0.079,而 Bias-corrected 95% 和 Percentile 95% 置信区间内均包含 0,因此中介作用不存在。

在负效应感知维度下,主观幸福感在社会文化负效应感知、生活环境负效应感知、经济负效应感知与旅游扶贫参与意愿之间的关系中,Bias-corrected 95% 置信区间和 Percentile 95% 置信区间内均包含 0,表明中介效应不存在。

综上所述,主观幸福感在经济正效应感知对旅游扶贫参与意愿的影响中起到部分中介作用,在社会文化正效应感知对旅游扶贫参与意愿的影响中起到完全中介作用。研究假设 H6 部分成立。

4.4.5 调节效应检验

为验证研究假设 H8~H12,本研究采用温忠麟等(2005)建议的阶层回归分析法以检验旅游从业经历的调节作用。首先,对自变量和调节变量作中心化处理后,将自变量、控制变量(性别、年龄、出生地、居住时间)和调节变量(旅游从业经历)放入阶层回归模型自变量的第一层,分别以旅游扶贫参与意愿、主观幸福感为因变量构建基础模型(M8、M10、M12、M14、M16)。在此基础上,将旅游扶贫正效应感知的 3 个因子(F1~F3)、负效应感知的 3 个因子(F4~F6)、主观幸福感(SWB)与调节变量"旅游从业经历"(TWE)分别两两相乘,得到 7 个交互项,依次放入第二层次的自变量之中,得到模型 M9、M11、M13、M15、M17(表 4-6)。

表 4-6　旅游从业经历的调节效应回归分析

因变量 Dependent variable	旅游扶贫参与意愿 Participation willingness of TLPA						主观幸福感 Subjective well-being			
	M8	M9	M10	M11	M12	M13	M14	M15	M16	M17
控制变量 Control variable										
性别 Gender	0.050	0.049	0.010	0.006	0.021	0.026	−0.009	0.002	−0.053	−0.054
年龄 Age	0.007	0.006	0.003	0.001	0.019	0.022	−0.038	−0.041	−0.036	−0.041
出生地 Birth place	−0.032	−0.030	0.001	0.004	−0.002	−0.001	−0.014	−0.010	0.015	0.021
居住时间 Length of residence	−0.055	−0.055	−0.019	−0.030	−0.040	−0.036	0.064	0.048	0.093	0.068
自变量 Independent variable										
F1	0.262**	0.260**					0.264**	0.256**		
F2	0.175**	0.180**					0.211**	0.207**		
F3	0.109**	0.108**					0.097*	0.085*		
F4			−0.048	−0.046					−0.132**	−0.124**
F5			−0.052	−0.049					−0.100*	−0.095*
F6			0.029	0.036					−0.019	−0.006
主观幸福感（SWB）					0.317**	0.316**				
调节变量 Moderator variable										
旅游从业经历（TWE）	0.161	0.167*	0.322**	0.324**	0.284**	0.680	−0.042	−0.018	0.128	0.134
交互项 (Interaction term)										
TWE×F1		−0.045						−0.202*		
TWE×F2		−0.090						0.054		
TWE×F3		0.017						0.157		
TWE×F4				−0.034						−0.064
TWE×F5				0.022						−0.068
TWE×F6				−0.113						−0.151
TWE×SWB						−0.102				
R^2	0.182	0.185	0.045	0.050	0.142	0.145	0.166	0.187	0.050	0.061
ΔR^2	0.182	0.148	0.045	0.005	0.142	0.003	0.166	0.021	0.050	0.010
F	10.680***	7.893***	2.279*	1.836*	10.685***	9.332***	9.547***	7.977***	2.551*	2.241*
ΔF	10.680***	11.571***	2.279*	0.671	10.685***	1.181	9.547***	3.330***	2.551*	1.393

注：*$p<0.05$，**$p<0.01$，***$p<0.001$

从表4-6可以看出：（1）以旅游扶贫参与意愿作为因变量时，相关自变量与调节变量的交互项均未达到显著水平（M9、M11、M13），表明居民的旅游从业经历并不会起到显著的调节作用。(2)以主观幸福感作为因变量时,模型 M15 中经济正效应感知与旅游从业经历的交互项对主观幸福感呈现出显著的负向影响(M15,β=-0.202,p < 0.05),且 F 值变化呈现出显著性(ΔF=3.330,p < 0.001),R^2 变化量为 0.021,表明该模型具有显著意义,这表明旅游从业经历在旅游扶贫经济正效应感知对主观幸福感的影响关系中存在显著的调节作用,即相较于有旅游从业经历的居民,无旅游从业经历者的旅游扶贫经济正效应感知对其主观幸福感的正向影响更强。研究假设 H8 得到部分支持,而研究假设 H9~H12 未得到支持。

为了更为直观地呈现旅游从业经历的调节作用,本研究以该变量的均值加减一个标准差作为分组标准,分别对高从业经历和低从业经历水平下旅游扶贫经济正效应感知和主观幸福感的关系进行描绘,结果如图 4-2 所示。实线与虚线分别表示低从业经历和高从业经历水平下,社区居民的旅游扶贫经济正效应感知和主观幸福感之间的影响关系强度。从图 4-2 可以看出,实线的斜率高于虚线,这表示对于那些旅游从业经历较低的社区居民而言,旅游扶贫经济正效应感知对其主观幸福感的正向影响程度更大,而对于旅游从业经历较高的社区居民而言,旅游扶贫经济正效应感知对其主观幸福感的正向影响程度则相对较弱。由此表明,旅游从业经历能够在旅游扶贫经济正效应感知与主观幸福感的影响关系中发挥显著的调节作用。

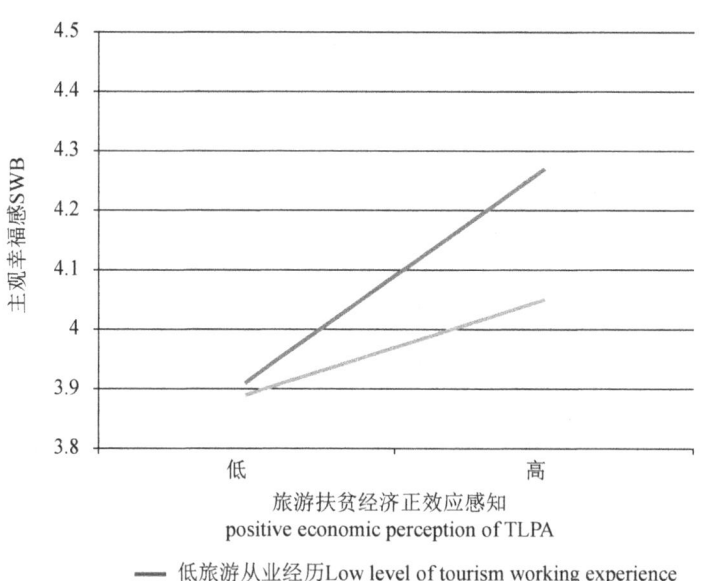

图 4-2 旅游从业经历的调节效应

4.5 结论与讨论

4.5.1 结论

本书以贵州省梵净山周边 3 个民族村寨为案例，探讨了社区居民旅游扶贫效应感知、主观幸福感和旅游扶贫参与意愿之间的影响关系。主要结论如下：

（1）旅游扶贫正负效应感知分别由经济、社会文化、生活环境 3 个维度的因子构成，社区居民正效应感知明显高于负效应感知。这与李佳和田里的研究结果具有相似性，即社区居民对旅游扶贫的正面效应感知明显，而对负面效应不甚敏感（李佳和田里，2016）。具体来说，在本研究中社区居民对社会文化正效应和经济正效应的认可最高，表明旅游扶贫对当地经济、社会文化产生了明显的积极影响，如增加了就业机会、提高了经济收入、促进了与外界的信息交流以及民族团结等。蒋莉和黄静波（2015）同样发现，当地居民往往对旅游扶贫的社会文化和经济效应感知明显，而对环境效应感知尚不明显。负效应感知方面，尽管社区居民对于经济负效应有一定的认可度，但总的来看，正效应感知明显高于负效应感知。这在一定程度上说明，民族地区旅游产业发展在地区扶贫和乡村振兴方面发挥了重要的积极作用。尤其对于解决农民增收和就业问题，以及促进思想进步和民族团结等方面具有不可忽视的作用。另外，需要引起注意的是，旅游产业发展也可能会导致民族地区居民生活成本增加和贫富差距加大。因此，未来在重点关注旅游扶贫正效应的同时，还需要关注可能出现的负面影响，并采取有效措施对其进行规避，以提升旅游扶贫在民族地区乡村振兴中的实效。

（2）旅游扶贫正效应感知对主观幸福感具有显著的正向影响，而社会文化负效应和生活环境负效应感知对主观幸福感具有显著的负向影响。这一发现与高园（2012）、Suess 等（2018）学者的研究具有一定的相似性。他们发现，旅游发展的正面效应越明显时，社区居民的主观幸福感则越强烈；相反，贫富差距加大、生活环境破坏等负面效应越明显时，主观幸福感则会显著降低。同时，本书还发现居民的主观幸福感对其旅游扶贫参与意愿具有显著的正向影响。该结论与李瑞等（2016）提出的"居民满意度越高，就越支持当地旅游发展"的观点较为一致。不过较为独特的是，民族地区多处偏远地区，经济发展相对缓慢，基础设施较为落后，随着扶贫工作的不断推进，乡村旅游有效带动了当地的经济增长，改善了居民的生活质量，进而提升了他们的主观幸福感，因而社区居民对于旅游扶贫具有较高的参与意愿。此外，本研究还发现，旅游扶贫正效应感知对居民的旅游参与意愿具有显著正向影响，即社区居民对于旅游扶贫的正效应感知越强烈，其对旅游扶贫的参与意愿则越强。这在一定程度上印证了Sirivongs和Tsuchiya（2012）、许忠伟和曾玉文（2019）的研究结论。他们发现，积极的旅游发展效应感知会对居民态度和旅游参与意愿产生显著影响。因此，为了进一步提升民族村寨社区居民旅游参与意愿，有必要首先提高旅游扶贫工作的成效，并切实改善他们的生活质量，提高主观幸福感。只有显著的旅游发展成效，才能吸引更多的社区居民参与其中。

（3）主观幸福感在居民的旅游扶贫正效应感知与参与意愿之间存在一定的中介作用。具体来说，主观幸福感在经济正效应感知对参与意愿的影响中起到部分中介作用，而在社会文化正效应感知对参与意愿的影响中起到完全中介作用。这一结论与Suess等（2018）提出的"旅游获益通过居民主观幸福感和生活满意度影响其参与旅游工作意愿"的结论较为吻合。本研究发现，乡村旅游有效带动了民族村寨的经济发展，给社区居民带来了就业机会，并提高了其经济收入。同时更重要的是，旅游发展还重塑了民族地区单一的生产关系，使农田、林地、房产等资产作为旅游资本被推向市场，并由此带来社区生计方式的重构。在旅游世界中，居民作为一种独特的"角色身份"参与到旅游发展过程之中，并由此产生新的经济和社会心理收益，显著提升了其生活品质和主观幸福感，反过来他们参与旅游发展的意愿也得到明显增强（Wang et al., 2020）。总之，主观幸福感在社会文化和经济正效应感知对旅游扶贫参与意愿的影响关系中，扮演着重要的角色，未来需要重点加以关注。

（4）居民旅游从业经历在旅游扶贫经济正效应感知与主观幸福感的影响关系中起到显著的调节作用。具体来说，相较于有旅游从业经历的社区居民，无旅游从业经历者感知到的旅游扶贫经济正效应对其主观幸福感的正向影响程度更大。可能的原因在于，与有旅游从业经历的居民相比，无旅游从业经历的村民对发展旅游所带来的经济效益更为敏感。从而在经济正向效应出现某种程度增长时，其主观幸福感会有一个较大幅度的提升。这一结论表明，旅游从业经历是影响居民旅游扶贫效应感知与幸福感之间关系的重要变量，应加以重视。尽管已有学者验证了旅游从业经历在上述关系（旅游效应感知→主观幸福感）中的预测作用（Kuvan & Akan, 2005；Snaith & Haley, 1999；Jurowski et al., 1997），以及它在社区居民感知与评价中表现出的差异性（裴锦泽，2017；高倩，2011），然而少有人对其调节作用展开专题研究。本研究着眼于旅游从业经历在旅游扶贫效应感知、主观幸福感、旅游扶贫参与意愿三者间影响关系中的调节作用，对于深入认识上述变量间的影响机制具有重要的理论意义。尤其有助于深化理解旅游从业经历在"经济正效应感知→主观幸福感"关系中的调节作用。但需要说明的是，本研究结论并非否定社区参与对居民主观幸福感的正向影响和提升作用，而是在某种程度上强调，应进一步关注未参与到旅游发展中的居民，因为他们幸福感的提升更有赖于经济效应的增加。

4.5.2 边际贡献

本研究可能的边际贡献主要体现在以下3个方面：（1）研究视角方面，本研究立足于"个体"视角，对民族旅游地社区居民的旅游扶贫效应感知、主观幸福感和参与意愿等变量之间的影响关系进行了分析，为深入认识微观情境下旅游扶贫效应及其影响机制提供了一个新的视角。（2）研究内容方面，将"主观幸福感"嵌入"旅游扶贫效应感知—参与意愿"的影响链条之中，论证了三者之间的影响关系，有助于厘清旅游扶贫情境下社区参与意愿的复杂影响机制，能够在一定程度上为后续相关研究提供方向指引与理论启示。（3）实践价值方面，本研究重点探讨了旅游扶贫成效、主观幸福感等民生问题，能够为目的地管理者基于民生视角制定相关发展政策提供参考，进而推动实现民族旅游地居民生活质量提升和乡村经济振兴的双重目标。

4.5.3 实践启示

本研究对乡村旅游的高质量发展和乡村振兴战略的推进具有一定的启示意义。（1）民族地区乡村旅游发展过程中，不仅要关注经济效应，同时还应该兼顾社会文化和环境等方面的提升，保护优秀传统文化、改善生活条件、优化人居环境，建设"宜居、宜业、宜游"的美丽乡村。（2）合理推进乡村振兴和旅游开发工作，在提高旅游正面效应的同时，注重消解可能引致的负面影响，以提升社区居民的幸福感和生活品质。（3）构建乡村旅游社区参与机制，引导居民切实参与到旅游决策、教育培训、经营管理、利益分配等过程之中，提升社区居民的主体意识和权力感，让他们不仅在经济上获益，还能够从政治、文化、环境等多个方面感受到旅游发展带来的积极效应和主观幸福感。

4.5.4 研究不足与展望

本研究仍存在一些不足，需要后续进一步深入探讨。一是本文采用了横断数据收集方法，缺乏对研究对象的持续跟进。随着当地乡村旅游发展水平和质量不断提升，居民的效应感知和主观幸福感会呈现出动态变化的特征，未来有必要对其进行历时性跟进追踪。二是文章尽管选取了3个案例进行实证分析，但只是民族旅游发展和旅游扶贫工作的一个缩影,不能代表全国民族地区旅游扶贫的整体情况。基于上述局限之处,未来有必要采用历时性研究方法,并进一步丰富研究对象、拓宽研究视角,以对相关地区乡村旅游发展情况进行持续关注和深入研究。

第三篇

效能结构、旅游增权与社区治理

第5章 乡村旅游社区权能感知与增权机制

5.1 研究缘起与问题提出

乡村振兴战略是决胜全面建成小康社会的重大战略部署，同时也是新时代"三农"工作的总抓手。党的十九大报告针对"三农"问题做出重要部署，并正式提出乡村振兴战略。2019年2月，中央一号文件再次对乡村振兴做出重要战略部署和顶层规划安排，乡村振兴已上升为国家战略，并成为脱贫攻坚的重要指导方针和战略思路。改革开放40多年来，在全国各族人民和各级政府的努力下，民族村寨扶贫脱贫和"三农"工作取得了诸多成绩，并积累了宝贵的经验。但是，由于历史、自然、社会等原因，一些少数民族地区基础设施落后、发展缓慢，贫困问题仍较为严重（何星，2019）。在此背景下，诸多民族村寨开始探索新路径，试图借助丰富的旅游资源实现特色产业扶贫。但在实际旅游发展过程中，社区居民常常处于弱势地位，他们并没有从旅游发展中得到相应的"回报"和利益分配（李强，2010；武晓英等，2014）。为改变这一现状，有必要改变村民在旅游发展中的弱势处境，使其真正参与旅游发展和利益分配，从而实现精准扶贫，助推乡村振兴。

增权（empowerment）是现代社会学领域中的重要概念，指借助外部力量来增强弱势群体对自我权益的认识及维护，以达到减少或消除无权感、获取权力、改变社会生活困境的过程（Zimmerman，1990）。在旅游领域，增权不仅有利于提高社区居民的参与度和积极性，而且有助于形成新的权益均衡关系，最大限度满足利益相关方的诉求，确保最终实现区域旅游业可持续发展（左冰，2009；丁敏和李宏，2016；Cole & Stroma，2006）。20世纪90年代，Akamal将增权概念引入旅游研究领域，并对旅游社区增权的重要性展开了深入探讨（Akamal，1996）。而后，Sofield（2003）对旅游增权概念进行了更为详细的阐释，并运用权力交换关系对该理论进行了实证研究。随着乡村旅游的不断发展，新问题、新现象频现，学者们围绕旅游增权现存问题（朱玉熹，2011；唐兵和惠红，2014）、旅游增权影响因素（Strzelecka et al.，2017）、旅游社区增权路径（保继刚和孙九霞，2008；Mendozaramos & Prideaux，2018）、社区居民权力感知（陈志永等，2011；李瑞等，2017；Doran & Adele，2016）、旅游增权效应及改善（Boley et al.，2017；Foley et al.，2018；Strzelecka et al.，2017；Butler，2017；Movono & Dahles，2017）等问题进行了深入研究。尽管如此，基于居民感知视角的民族村寨社区增权问题尚未引起普遍关注，同时基于区域发展（乡村振兴）视角的社区旅游增权路径也有待进一步明晰。

本文将基于增权理论，以四川省北川羌族自治县石椅羌寨为例，通过参与观察和深度访谈对社区居民的旅游增权感知进行调查分析，探究以旅游为核心的特色产业乡村振兴战略下的社区增权路径。希望通过本研究进一步拓展增权和旅游扶贫的理论研究，并为我国民族区域乡村振兴战略的实施和推进提供决策参考。

5.2 理论基础与文献综述

5.2.1 增权与旅游增权

增权理论是社会学中的一个重要理论，由权力（power）、无权（powerless）、去权（disempowerment）、增权（empowerment）等构念组成。其中，增权是该理论的核心概念（周林刚，2005）。Zimmerman（1990）将增权定义为"人们在不受任何行为限制的情况下，从自身利益出发采取行动，进而提高其个人能力的过程"。而Rappaport（1987）则认为增权是一种机制，能使人们意识到可以通过个人、组织、社区等不同层面影响周围环境。与之相对的无权则是一种"去权"状态，是指某个社会群体获得资源能力的缺失，其产生的主要原因是权力的（被）剥夺（韩国圣等，2013）。

增权理论在旅游学中的应用，以社区参与理论为切入口（潘植强等，2014）。Cole（2006）提出，增权是社区参与旅游发展的高级阶段，即赋予居民参与决策、实施行动及建言献策等权限。而Murphy（1985）则表示，为了实现旅游的可持续发展，旅游的规划与发展必须以社区的参与为基础。因此，旅游增权是目的地社区获得可持续发展的重要前提（Boley et al.，2017）。随着社区增权理论的流行，学者们认识到社区参与权很大程度上取决于控制权的获得（丁敏和李宏，2016）。也有学者提出要增强当地社区在旅游开发方面的控制权、利益分享权，强化社区在推动旅游发展方面的重要作用，使社区居民从被动参与转向主动行动，从经济、心理、社会、政治4个维度对社区进行增权（韩国圣等，2013；左冰和保继刚，2008；Scheyvens，1999）。Scheyvens（1999）提出经济增权可以切实增加社区居民参与社区旅游发展获得的经济收益；社会增权强调受权主体及其所在组织与社区内部实现共生共荣，通过社区旅游协调发展，从而使社区凝聚力得以强化的一种过程状态；政治增权是居民通过各种渠道以及各项机制表达个人利益诉求，并赋予社区居民参与平等决策权力的一种过程状态；心理增权强调通过社区旅游发展使居民意识到民族文化价值并增强民族自豪感的状态。

在我国，旅游增权研究处于起步阶段，学者们对于旅游增权的研究主要集中在增权模型、增权指标体系、增权测量以及社区增权路径上。例如，刘静艳等（2016）提出的社区增权、居民公平感知以及旅游可持续发展支持关系的概念模型。李瑞等（2016）通过结构方程模型构建民族村寨旅游地居民满意度影响因素结构模型等。王亚娟（2012）认为，由于产权界定模糊导致的制度性缺权是阻碍旅游地社区通过参与旅游获得公平发展的主要障碍，按照是否为正式制度，是否为直接增权，可将其划分为4种制度性增权类型，进而深入探索制度性增权途径的可行性。Chen等（2016）则通过对郎德苗寨的案例研究提出了以社区组织为基础、以制度为保障、精英引导和政府有限干预的增权路径。王维艳（2018）则运用定性研究，比较了立法增权和依法增权，并证明此两种路径是并行不悖的。此外，还有一些学者基于案例研究，从个人、组织、社区、制度四个层面提出了旅游增权的优化路径（白素均，2017）。

5.2.2 民族社区旅游

从20世纪60年代开始，民族社区旅游开始走进学者视野（Nunez，1963），但最初其常与文化遗产旅游联系在一起（Li，2000）。随着西方白人文化的全球传播和大众旅游的兴起，民族社区旅游的基本形式才得以确定（Maccannell，1992）。民族社区由少数民族成员构成，以"异族情调"或"异族文化"为核心吸引物（左神曼，2014），旅游者将他们生产、生活所形成的特定聚落作为旅游目的地，前往开展旅游活动。对民族社区旅游的研究主要以旅游的效用、影响、发展模式及可持续发展路径（Trupp & Sunanta，2017；魏雷和孙九霞，2017）为主线。尤其在探索可持续发展问题的过程中，学者将社区参与和增权理论引入民族社区旅游研究。由于居民是民族社区旅游的主体，因此参与旅游管理、社区事务是必然趋势（Maruyama & Woosnam，2015）。尽管广泛的教育和宣传能促进社区对旅游业的了解，有助于保障社区利益（Andereck et al.，2005），但在实际规划过程中，很少将居民利益放在首位，其生活状态和生活质量常常被忽略（Henderson，2003）。为此，要使民族地区旅游实现可持续发展，必须考虑民族社区居民的增权问题（马东艳，2015）。由社区旅游发展的成功模式可知，乡村旅游发展背景下社区组织是居民增权的有效路径，制度构建可以为社区增权提供有效保障，充分发挥社区精英的引领作用是社区增权的有效路径，政府的有限介入有利于扩大社区增权的边界（Scheyvens，1999）。

民族村寨作为民族地区乡村社会的基本生产和生活单元，其振兴需要城乡、产业、文化、生态环境、基层治理等多方面的有机融合（何星，2019），一直是学界关注的焦点。费广玉等（2009）发现，社区增权中旅游目的地的空间不平衡是社区参与旅游机会差异的表征，不同区域社区居民对旅游增权的感知具有一定规律性，与旅游获益情况有重要关系。旅游增权各组成要素相互影响，互为一体。李瑞等（2016）以贵州上郎德苗寨、西江苗寨和天龙屯堡作为案例地，从关系、付出、回报、期望和公正知觉等满意度发生逻辑的核心要素角度出发，发现社区居民的权能感知对其旅游满意度和支持行为具有重要影响。

基于乡村振兴战略，对民族村寨的相关研究也取得了一定成果。例如，张洪昌等（2018）指出，当前乡村旅游开发模式演进的主要趋势是单一主体向多元主体转化。彭晓烈等（2018）对少数民族特色村寨建筑文化的传承与创新进行了研究，提出村寨建筑文化创新与传承的主要策略包括挖掘村寨文化差异性、增强村寨风貌协调性、选择乡土材料及本地适宜性建造技术建造等。由于民族村寨旅游地居民普遍处于无权状态，社区参与大多是一种单向的被动参与过程，处于被决定、被包装、被表达、被展示的状态，只有进一步增强村寨居民社区权能，才能真正凸显村寨居民在旅游发展中的主体有效地位（李瑞等，2017）。可见，在乡村振兴背景下，运用社区旅游增权理论，采用经济、社会、心理、文化4个维度来研究民族村寨的发展现状，具有一定的先进性和价值。

5.3 研究设计

5.3.1 案例地概况

选择四川省石椅羌寨作为案例地。石椅羌寨，又名石椅村（羌语称"拿巴日格"），位于四川省北川羌族自治县曲山镇，紧邻"5·12"汶川特大地震纪念馆。截至2017年年底，全村共有104户，348人，其中绝大多数为世居。其民族传统文化保存较好，入选国家民委第二批"中国少数民族特色村寨"名录。村寨平均海拔约1200米，属山地喀斯特地貌，自然环境优美，拥有大片果园和茶园，是四川省无公害农产品生产基地。水果种植是当地重要的经济来源，李子、枇杷、猕猴桃等水果远近闻名，被誉为"水果之村"。

2008年"5·12"汶川大地震后，当地借助灾后恢复重建契机，发展民俗文化乡村旅游，助力乡村振兴。2009年，村寨以住房、果园、现金作为资本入股，联合组建旅游开发公司，实行股份合作经营，开发特色民俗乡村旅游项目。与此同时，先后成立了水果专业合作社和旅游合作社，推动村寨特色农业和乡村旅游业发展，走出了一条以特色产业扶贫助推乡村振兴之路。据统计，高峰时全村有近一半的农户开办了农家乐，从事旅游接待经营工作。现今，石椅羌寨已形成以特色农产品和羌族文化为核心的乡村旅游产业致富道路，先后被评为"'美丽中国'十佳旅游镇（村）""中国乡村旅游模范村"等。据统计，2017年全年累计接待游客约16万人次，旅游收入约1100万元。

5.3.2 数据收集与分析

本研究主要采用了参与观察、深度访谈等质性方法。2017年8月，课题组深入石椅羌寨进行实地调研，并完成相关数据的收集。首先，在不透露研究者身份的情况下观察村寨的旅游经营活动和日常生活情景，并以旅游者的身份参与到观光游览、旅游消费等活动，以获得较为真实的"在场"（in site）数据。同时，采用个体深度访谈以及小组焦点访谈的方式，围绕社区增权所涉及的经济、心理、社会、政治等纬度，对当地21位居民进行了半结构式访谈。

表5-1是受访者的基本信息。受访者涉及普通居民、村委会工作人员、旅游合作社管理者、乡村旅游从业人员等21位不同职业的羌寨居民。年龄分布介于24~82岁，以40~65岁的羌寨世居村民为主。访谈中，鼓励受访者对自己的价值观念、行为感知及其所生活的社会环境进行客观性描述，以求从受访者角度真实地了解社区旅游增权的现状。同时，为了保证数据的真实性和丰富性，访谈地点以社区居民的休闲活动区、受访者家中、日常工作或乡村旅游经营场所等居民较为轻松、熟悉的环境为主。

表5-1 受访者基本信息

受访者	性别	年龄（岁）	职业与身份信息	备注
A01	男（M）	53	村委会主任（村长）	个体深度访谈
B02	男（M）	40	合作社负责人	小组焦点访谈
C03	男（M）	68	羌寨居民（农民）	小组焦点访谈

续表

受访者	性别	年龄（岁）	职业与身份信息	备注
D04	女（F）	60	羌寨居民（农民）	小组焦点访谈
E05	女（F）	28	羌寨居民（农民）	小组焦点访谈
F06	女（F）	62	羌寨居民（农民）	小组焦点访谈
G07	女（F）	未知	羌寨居民（农民）	小组焦点访谈
H08	女（F）	59	羌寨居民（农民）	小组焦点访谈
I09	女（F）	未知	羌寨居民（农民）	小组焦点访谈
J10	女（F）	62	羌寨居民（农民）	小组焦点访谈
K11	女（F）	82	水果摊贩（农民）	小组焦点访谈
L12	女（F）	66	水果摊贩	小组焦点访谈
M13	女（F）	74	水果摊贩	小组焦点访谈
N14	男（M）	50	拉客司机	个体深度访谈
O15	男（M）	42	村委会书记	个体深度访谈
P16	男（M）	65	羌寨居民（农民）	个体深度访谈
Q17	女（F）	59	羌寨居民（农民）	小组焦点访谈
R18	女（F）	41	羌寨居民（农民）	小组焦点访谈
S19	女（F）	33	农家乐员工	小组焦点访谈
T20	男（M）	47	农家乐厨师	小组焦点访谈
U21	女（F）	24	羌寨居民（农民）	小组焦点访谈

为了保证信息的真实性和完整性，调研过程对所有的访谈进行了录音。课题组在学习当地方言的基础上，对所有的访谈进行了文字转录，逐字逐句地呈现访谈内容。研究采用深描诠释（thick description）的方式识别受访者所要表达的主题观点，并反复回归原始情景，力图真实还原、剖析、审视所获研究材料背后的"含义"。在呈现研究结果中，引用了部分有代表性的内容。引用之处注明了编号，如"A01-M"表示该引用来自编号为 A01 的受访者，性别是男性（M 表示男性，F 表示女性）。

5.4 结果分析

5.4.1 社区居民增权感知

1. 经济增权是实现乡村振兴的良策

首先，乡村旅游拓宽了居民增收途径。调查显示，自石椅羌寨发展旅游业以来，村民通过经营农家乐、种植特色农产品、从事旅游服务工作等形式参与其中。同时，为实现农产品、旅游业的正规化经营，村民骨干成立了水果合作社、旅游合作社等组织，并自筹资金用于村寨形象宣传和旅游推广。"乡村旅游（正面）影响大。比如我们的所有产业都要围绕乡村旅游来，种植业、养殖业、小菜之类的。开始没有开农家乐的时候，枇杷只卖3元一斤，现在15~20元一斤，增加了老百姓的收入。老百姓家里的菜在星期日就全部拿出来卖了。而且他们现在开农家乐的收入高。比如李子卖完了，他们就从另外一个基地买回来卖。买的5元，卖8~10元，一天卖几十斤、上百斤。"（O15-M）"如果没有旅游业，他们只有出去打工。水果出了，贩子就会来收，2~3元一斤，现在在山上（卖）就不是问题。"（B02-M）可见，在乡村旅游的带动下，居民可以通过多种途径实现脱贫致富。

其次，乡村旅游增加了就业机会。在发展乡村旅游之前，石椅羌寨的年轻劳动力大多选择外出打工，老人和孩子在家"留守"。自从开发旅游以来，年轻人逐渐"回乡返流"。在受访者中，多数受访者表示正从事与旅游相关的工作，且部分人表示自己正在经营农家乐且收入可观。"（问：你们都在搞旅游业吗？）几乎都是……由于游客多，我们要卖水果，不出去打工……旺季的时候，请了好几个人。""后来我们就把房子拼凑在一起去注册这个公司。并邀请搞羌文化的老师来培训舞蹈，讲解羌文化，我带了几个人去听。请了服务员，敬客人酒，那几天生意特别好，赚了几百万。"（A01-M）可以看出，通过发展乡村旅游为居民提供了更多的工作岗位。

最后，"以点带面"使周边地区也享受到了旅游红利。村委会主任（A01-M）提及"我们这里如果农产品不够，周边的地区可以提供，所以我们这边的旅游带动了周边的经济……我们的投资少，一年土地200元/亩……他们的收入并没有减少，我们投产三四年以后，他们就没有种粮食了……收入比种粮食划算"。总之，石椅羌寨的旅游业对周边地区的经济拉动作用非常明显，成为推动区域经济发展的强劲动力。

2. 社会增权是村寨和谐的助推器

首先，旅游发展促进家庭和谐。受访者大多认为，旅游业的良性发展调动了整个村寨每个家庭的内在动力和积极性，通过积极、主动增加配套服务设施，健全基础设施，以家庭小组为单位，整个社区的整合度大大提高，促进了家庭生活的和谐幸福。旅游合作社负责人（B02-M）提道："我已经没有开货车了，这几年不好做，搞旅游比这个好，不用去外面打工，坐在家里就能赚钱。如果出去打工，家里的土地就荒废了，果树要施肥，生意不好可以养神，最主要的是可以和家人在一起。"家庭是社区的细胞，家庭的和谐使居民的幸福感显著提升。

其次，旅游发展改变了妇老群体地位。过去羌寨传统女性被视为弱势群体，如今社会地位发生了很大的转变，她们可以通过演出、服务等形式实现就近就业，兼顾家庭与事业。"嗯，是的，唱还是会唱的……七夕节请我们去跳舞参加比赛什么的。出去也有几十块钱的，见一下世面，女人家带着孩子不能出去工作。"（T20-M）与此同时，老年人不再受限于传统的观念，心态趋于年轻化，既扩大了休闲半径，又丰富了老年生活。有的老年人甚至通过摆摊售卖小商品参与到旅游经营活动中。"思想观念转变了，现在老年人可以到处散步了，好耍。"（S19-F）

最后，旅游发展增强了村寨凝聚力。在旅游发展过程中，羌寨人共同遵守着潜在的"村规民约"，几乎不存在恶性抢客事件。得益于环境建设和用心维护，村寨的生活环境也大有改善，生活满意度较高。一位受访者（F06-F）提及"我们这个寨子就是一个大的农家乐"，因为经济利益导致的恶性竞争、相互妒忌的现象鲜有发生。"我们这里的人还是很自觉的。都是看客人自愿选择，我们这里比较和睦。"（C03-M）"（问：你们搞旅游业有矛盾吗？）没有，相互竞争都没有，自己都知道这些，高档卫生的更受欢迎。"（K11-F）"游客的车在路上，不能硬拉，要游客自己停下。生意不能抢，是谁的就是谁的，我们会经常开会强调。"（A01-M）即使是外来经营者，村民也不排外。"我们这里也有两家外来的，不过我们一视同仁。"村支书如是说。

3. 心理增权是提升居民素质的良方

一方面，旅游发展增强了文化自豪感。石椅羌寨凭借独特的旅游资源得到游客认可，旅游业不断发展并成为村寨的支柱产业，村民在与游客互动中开阔了眼界，提高了对生活的自信心和文化自豪感。这种自豪感往往来自举办大型节日活动，也表现在外来游客对石椅羌寨文化和环境的欣赏以及主客体之间的互动。"在大型节日里，一起参加羌族演出的时候就有自豪感。现在的话，石椅村在北川排在前几位，还是有自豪感的。"（C03-M）"所以环境好，还是文明村，自豪，我们这边亮堂堂的，对面山黑黝黝的。"（L12-F）"旅游业好了，环境也好了，比较自豪。"（J10-F）可见，村寨居民对羌寨的旅游发展较为认可。

另一方面，旅游发展提高了村民的主人翁意识。可预见的旅游价值，以及日益增强的自信心促使村寨居民主动谋发展，进一步接受教育和培训，最终通过自我发展提高能力。有村民表示："老百姓的思想（方面），不会停留在原地，都是与时俱进的。如果什么都不做，就是一个文盲。比如出去都不用带钱，出去打不到的士，要下载一个软件滴滴打车，再用微信支付。所以老百姓的思维和素质也不一样了。包括精神面貌。"（O15-M）并且他们会不断树立新的生活目标："比如开农家乐赚钱以后，哪家买新家具了，哪家开小车了，自己就会想追上别人，所以就会想努力赚钱。"（E05-F）为增强村寨居民的自我效能感和权力感，村寨会定期组织开会、学习等活动，将先进的理念和思想渗透到每个家庭和个人："每年都会出去，在农家乐淡季的时候，参加学习，去搞农家乐的地方，大家凑钱请某个人出去体验。重庆武隆、宜宾那边都去过，川内有名气的都去了。"（C03-M）通过学习交流，居民的整体素质有了很大提升。

4. 政治增权是居民权益的保护伞

一方面，支部书记、村委会主任及委员等基层干部均通过民主选举产生，有利于村委会在工作中维护居民利益。村支部书记如是说："现在选村干部还是选举，要肯做才行，我也是第二届了，执行的时候还是要得到认可。"社区通过居民代表会议等形式，进行政务公开、民主监督。有居民提道："老百姓要出点子的话，要有监督，要不然钱都进私人腰包了。"可见，居民基本的民主权利得到了保障。

另一方面，旅游公司、合作社等旅游组织有效发挥了宣传、规范经营秩序等作用，从而使得羌寨旅游经营有序、秩序良好，实现可持续发展。"（石椅羌寨文化旅游公司）对这个地方的品牌打造、知名度提升还是可以的，主要是利用羌族文化做这个，也受到政府重视，社会效益比较大。而且它的宣传力度也可以，在百度上搜得到，对当地只有好处没有坏处。"也有居民提道："合作社的功能是规范农家乐，清洁卫生、食品卫生、安全等方面。"也有人对维护市场秩序提出了自己的观点："我们的合作社，虽然没怎么盈利，不过统一标准、统一定价，不宰客、不喊客，还是可以的。"可以看出，旅游组织对羌寨旅游的可持续发展起到了重要的推动作用。

5.4.2 居民去权感知及其根源

1. 旅游发展出现瓶颈，经济增权后劲不足

一方面，由于当地基层组织管理存在问题，导致内部矛盾重重。有村民曾提及："我们这两年领导班子不团结，发展停滞不前。"合作社管理上也困难重重，负责人

表示:"旅游合作社搞旅游,去年国家拨款5万元,连5万也受人觊觎,我也被威胁交出钱,所以我不想管这些事了。"另一方面,由于交通落后,基础设施不完善,以特色农业为主的乡村旅游模式受到了多方面的制约。有的居民抱怨说:"对的,卖枇杷累得很,如果车没有来,我们就不能摘,今年雨水大,烂了落了很多,卖不掉。"(H08-F)此外,在宣传方面也存在不足之处,甚至时有发生游客"到此而不游"的现象。"游客知道这个地方的就会来,不知道这个地方的就不会来。"

究其原因,一是由于以居委会为代表的社区精英在思想上、能力上存在不足,作为"头雁",在旅游发展理念、基层团队管理等方面没有起到"领导"作用。二是交通等基础设施落后,使得当地居民只能靠"等车进来"售卖自己的产品,导致经济收入大打折扣。三是由于旅游发展缺乏创新,市场发展空间有限,客流量逐年减少。

2. 受益机制尚需完善,社会去权不容忽视

一方面,乡村旅游发展带来的大部分利益流向了地方精英、外来开发商、政府机构。事实上只有少数具有一定经营资本的个人或家庭能够从旅游中获得直接经济收益。在采访中有另外2位村民(F06-F、G07-F)指出,通过旅游业致富的家庭只占整个村寨从事旅游行业人员的少数,"我们的大农家乐都卖给了大老板了"(G07-F)。另一方面,个体经营户的意识还停留在"各家自扫门前雪"的独立经营思维模式,缺乏合作共赢的理念,这一点也在访谈中得到了体现:"村民都是自己做自己的。"(E05-F)

究其原因,在政府主导的乡村旅游发展模式中,居民本应是旅游参与的主体,共享旅游发展收益。但由于缺乏相关制度保障,使得利益监管处于"真空"状态,从而在各利益相关者的博弈中,居民利益被严重剥夺,处于弱势地位。

3. 教育赋能有待提高,心理增权尚存死角

受访者表示,由于可支配资源较少、能力缺乏,从而对目前的生活状态和当地乡村旅游的发展缺乏信心。有居民(F06-F)称:"单独做农家乐就很累。有一些客人早上要起来散步,7点钟就要把早饭准备好,我们5、6点前就得起来,等到吃完,我们就要搞好清洁卫生,好不容易坐下来,转眼就到中午了。两个人也是这样做,十个人也是这样,就很累,很辛苦。"也有居民表示:"小的农家乐没人知道,都是做一天是一天,坐在家里等。"旅游合作社负责人(B02-M)称:"他们只关心客人多不多,但最应该关心以什么方式留住游客。"可见,居民缺乏先进的乡村旅游经营理念和管理经验,丧失了作为市场主体的主动权,导致自信心严重缺乏。

究其原因，多数居民缺少资本与技能，且自身素质跟不上旅游发展的需求，尤其缺乏先进的经营理念、科学的经营方法与有效的管理体制，在激烈的市场竞争中处于劣势地位，只能获取少量既得收益，故难以突破"大鱼吃小鱼"的困境，进而出现心理去权现象。

4. 制度赋能存在漏洞，政治去权需加关注

一方面，部分受访者深感自己的政治权能被边缘化和剥削，心理上出现对旅游发展的无力感。旅游合作社负责人（B02-M）提道："首先从领导人这个难处来说，政府对乡村旅游的政策太多了，我又不懂政策，打电话也不通知我，我就是架空的。"最终导致合作社在居民心目中成了名不副实的"空架子"。另一方面，当地政府对居民反映的问题"回声"太慢，甚至"失声"。村委会主任（A01-M）提及："我们也想，只是政府不准我们在路边放标识，他们要做一个规范的，而政府今年推到明年，明年推到后年，迟迟批不下来。"此外，有村民（K11-F）想参与旅游发展的建议与决策，却没有"发声"的平台。"（问：如果你们有想法说给领导听，领导会不会听？）听还是听，不过依照书记的想法。"（P16-F）也有人说："不晓得，他们没说，这些是当官的事，我们只管怎么赚钱，怎么过日子。"除了居民的利益和需求无处表达外，还有严重的信息不对称问题，例如，有居民提道"关于石椅村寨申报特色小镇的通知等，村寨居民还是从'领导'在自己农家乐吃饭席间的话语中才知晓。"

究其原因，在法律层面尚无相关制度明确合作社的合法地位，导致其在维护居民利益时处于"失灵"状态。同时，地方政府作为国家政策的传播者和地方利益的协调者，尚未根据居民需求及其政治责任完善政务公开机制、搭建社区参与决策平台，从而导致居民不了解国家政策、缺乏相关法律意识。

5.5 结论与讨论

5.5.1 研究结论

总体而言，石椅羌寨的居民在经济、社会、心理、政治4个维度具有不同的权能感知。其中，经济权能视为最核心的维度，居民对通过发展民族旅游实现乡村振兴的信心较足。社会权能的感受次之，对于旅游在促进家庭和谐、增强社区凝聚力方面的作用，居民持肯定观点。心理权能效应也较为明显，随着外界对羌族文化的重视和对其价值的肯定，居民的文化自豪感得以提升，并愿意通过教育培训等途径提升自己。值得注意的是，政治权能方面，大多数居民并未意识到自己的"权利"状态，甚至对

政治权益表现出了强烈的无力感。

从旅游增权及旅游去权2个维度进行分析,得到以下结论:

旅游增权方面:(1)经济增权是实现乡村振兴的良策。乡村旅游拓宽了居民增收途径,增加了就业机会,并使周边地区也享受到了旅游红利。(2)社会增权是村寨和谐的助推器。旅游发展有益于促进家庭和谐,有助于改变妇女老人等弱势群体的地位,增强村寨凝聚力。(3)心理增权是提升居民素质的良方。旅游发展增强了文化自豪感和主人翁意识。(4)政治增权是居民权益的"保护伞"。基层干部通过民主选举维护居民利益。此外,旅游组织对羌寨旅游的可持续发展也起到了重要的推动作用。

旅游去权方面:(1)受制于基层团队管理能力、交通配套设施及发展理念,乡村旅游发展出现瓶颈,经济增权后劲不足。(2)乡村旅游受益机制亟待完善,目前在各利益相关者的博弈中,对于处于弱势地位的居民而言,其利益被严重剥夺,导致出现社会去权现象。(3)多数乡村居民缺少资本或技能,自身条件跟不上乡村旅游发展市场化的需求,自信心不足,从而出现心理去权现象。(4)制度赋能的漏洞导致居民的利益和需求无处表达。此外,还出现了严重的信息不对称问题,导致政治去权现象明显。

5.5.2 管理建议

1. 创新发展理念,提升乡村旅游竞争力

按照《乡村振兴战略规划(2018—2022年)》的总要求,乡村旅游发展是乡村振兴的内驱力,在助推乡村振兴方面具有资源优势、产业优势、带动优势及政策优势(向富华,2018)。因此,要从石椅羌寨实际和旅游市场需求出发,树立新发展理念,通过"旅游+"和"+旅游"模式,实现旅游资源的多元化利用,开发具有地域特色和民族特色的旅游产品,全面提升旅游发展质量和综合效益,从而从根本上提升羌寨的经济"造血"能力。乡村旅游接待与服务能力是制约大部分乡村旅游竞争力提升的首要因素,资源禀赋、经济基础及客源市场条件也不同程度制约乡村旅游竞争力的提升(王新越等,2014)。为提升旅游竞争力,可从以下几方面做努力:(1)加强旅游基础设施建设,基础设施的不完善严重制约石椅羌寨的客流量,政府需加强社区各项基础设施建设,为通信、邮电、环境水处理提供资金保障,打造社区优良的居住环境。例如"引水下山"。(2)发展旅游电子商务,线上线下配合,协同发展,打造更现代化的服务环境。(3)鼓励有资本、有想法的居民创新经营模式,给予一定的政策支持,同时鼓励外来资本在适度范围内进行投资开发。(4)创新旅游参与方式,例如打造老年人的生活场景展示等,尽管老年人劳动能力较低,但是这一群体所传递的独特文化具有强大的吸引力,可以作为民族旅游文化资源进行开发。

2. 完善利益分配机制,居民共享发展红利

合理的利益分配机制应惠及村寨所有居民,既能保障居民利益又可以实现有效的社区参与,进而促进村寨旅游经济发展。一方面,建立科学合理的利益分配机制,把村寨社区土地、旅游资源、设施、资本、技术、文化禀赋等量化为股份,在明晰上述要素产权及其科学公正的资产评估后,政府及其主管企业、组织协会、村寨居民合作入股参与旅游开发,按股分配收益(王进和周坤,2017)。另一方面,政府及旅游公司在旅游收益中提取部分资金建设和维护基础设施,加强环境与景观整治,促进村寨公益事业发展,实现各利益主体的责权对等,使旅游收益在各利益主体间得到有效分配(王亚娟,2012)。此外,进一步梳理当地传统节庆和特色民俗,以"羌年"为载体,深入挖掘特色民族文化。因地制宜发展当地手工业,并进一步将其开发成特色旅游产品。政府应激发居民的自主创业意识,培养居民的创业能力和创业水平,从而使居民主动参与旅游经营,提高收入水平。

3. 强化社区教育增能,提高居民能力水平

教育的批判性赋权,能够提高居民发现"内在权力"的能力(徐辰等,2019)。羌寨居民整体文化水平和综合素质不高,居民的权力意识和权能感知也存在差异。因此,基层政府可采用宣传、激励等方式使石椅村居民积极参加与旅游相关的教育与培训,依据年龄段、性别、学历层次对居民进行分类培训。一方面,基于旅游接待和经营管理需要,进行经营理念、旅游接待礼仪、服务技巧等专题培训,提高居民的旅游经营管理综合能力,并在参与旅游发展中受益。另一方面,支持石椅羌寨扶贫教育,通过助学金、政府贷款等政策支持羌寨居民提升学历,从而提高社区居民的综合素质。考虑到民族村寨是一个特殊的社会组织结构,还应特别关注特色民族文化的保护。由于民族社区具有独特的发展历史的群体,其文化具有独特性和局限性,居民对本民族文化的认识需要一定的能力,只有正确认识本民族的文化和价值属性才能以扬弃的视角看待文化,在文化入侵等风险环境中从容应对。因此,文化教育对于民族村寨具有特殊意义和必要性。

4. 建立健全规章制度,保障居民政治权益

健全的规章制度是保障社区居民权益强有力的武器。一方面,石椅羌寨虽存在"潜在"的村规民约,依靠内在的道德标准,抑制了不正当竞争,维持了旅游市场秩

序,但无法从法律上保障居民应有的权益。因此,需要完善和落实以下规章制度:(1)土地征用、补偿、土地流转、果树果林等旅游资源的使用规定及实施措施;(2)民宿、酒家等个体户合法经营管理条例;(3)保障社区居民合法分配旅游红利等各项权利的规定;(4)社区居民合法参与旅游发展规划的规定。尤其要关注在民族旅游管理中常出现的民族间交流问题,更应有明确的条例约束游客的行为,以保障少数民族的合法权益。另一方面,石椅羌寨的两个合作社——水果合作社、旅游合作社并未得到政府认可,在旅游监督与维护居民利益方面起到的作用较为有限。因此,为了进一步挖掘和放大合作社的作用,必须转变合作社的性质和职能。合作社应该承担起草经营计划、组织社区居民参与旅游经营、羌寨旅游对外营销宣传等职能,真正发挥合作社合作生产的组织协调价值与职能。县政府等上级行政管理部门应加大支持力度,包括部分权力的下放、经费的拨付、指导管理等。此外,针对居民信息失权现象,当地政府和旅游企业应建立有效的信息交流与发布机制,不定期向村寨居民公布乡村旅游相关政策及发展动态,搭建居民参与社区旅游规划、建言献策的平台,提高羌寨居民政治增权感知。

5.5.3 研究不足与展望

民族社区旅游增权问题是既具有现实意义又具有研究价值的课题,本研究从乡村振兴角度出发,以社区居民视角进行现状分析及对策研究存在一定的局限性:一是尽管课题组对石椅羌寨的增权现状进行了多方面调研,但由于石椅羌寨内部利益关系较为复杂,研究者受制于调研时间有限、理论知识储备及逻辑思维能力不足,研究深度有待提高。二是尽管石椅羌寨具有一定的代表性,但本研究只围绕此案例地展开研究,缺少横向比较。随着乡村振兴战略的不断推进,本课题组将持续关注民族社区旅游增权现状,对增权问题进行更全面的分析,或将得到更具一般性的结论和应用价值更高的增权路径。

第6章 乡村旅游社区治理绩效影响因素及提升路径

6.1 研究缘起

乡村社区是农民生产和生活的基本单元。加强乡村社区治理是落实乡村振兴战略的重要途径，同时也是全面推进国家治理体系和治理能力现代化建设的重要环节。2019年6月，中共中央办公厅、国务院办公厅印发的《关于加强和改进乡村治理的指导意见》明确指出"实现乡村有效治理是乡村振兴的重要内容"，要加强"推进乡村治理体系和治理能力现代化"。同时，2021年6月正式实施的《中华人民共和国乡村振兴促进法》也强调，建立健全"党委领导、政府负责、民主协商、社会协同、公众参与、法治保障、科技支撑的现代乡村社会治理体制和自治、法治、德治相结合的乡村社会治理体系"。这一系列国家政策的出台，为新时期乡村社区治理工作指明了方向。

近年来，我国诸多地区利用当地独特的自然资源和优秀的传统文化发展乡村旅游，并取得了丰硕成果。然而不容忽视的是，伴随着乡村旅游如火如荼地开展，当地社区的内部秩序和权利关系正在悄然改变（郭占锋等，2021；吴开军和卜晓薇，2021）。学者们研究发现，乡村旅游发展推动了当地社会关系的转变，使得旅游社区在民族性和地方性的基础上，更具有开放性、共享性、服务性和商业性（Wakil et al.，2021）。其利益相关者涉及政府部门、市场力量、社会组织以及社区居民等多个主体，存在权与利的多重纠葛，使社区治理充满了复杂性和多变性（黄燕等，2016；徐虹和王彩彩，2018）。同时，当"旅游"进入社区日常生产生活后，原本处于常规运行的社会系统可能面临某些颠覆性的变化。尤其是随着旅游者的涌入，社区居民的日常生活行为、社会交往方式乃至文化适应性都会随之改变（范莉娜，2018），而游客与民族村寨社区居民的"主客"矛盾、社区居民间的"我者"矛盾等社会问题也会不断出现，对既有的社会组织结构和社区治理体系造成多重冲击和挑战。

为了解决社区治理过程中的现实和理论问题，近年来越来越多的学者开始关注该领域。纵观现有相关研究可以发现，研究内容主要集中在社区治理基础理论与政策解析、治理体系建设、社区治理模式、治理问题与路径等方面，研究对象涵盖民族互嵌式社区、城市社区、乡村社区等不同类型社区（徐丙奎和李佩宁，2012；熊鹰等，2021）。与此同时，旅游地的社区治理问题也受到了学术界的关注。王翔针对传统治理模式失灵的情况，提出建立多主体协商机制是重构社区治理体系、激活旅游社区活力的重要方式。对于民族旅游村寨社区治理，白凯和杜涛提出，加强社区治理是弱化社区内部矛盾的有效路径，而自组织网络结构是民族旅游地社区治理的有效模式。郭凌等提出，资源、社区治理主体、社会结构、主体间互动关系等共同影响着民族旅游社区治理效果。这些研究对于理解相关理论和现实问题具有重要作用，尤其为从"旅游情境"解析社区治理问题提供了一个全新的视角。但总体来说，民族旅游村寨社区治理的研究还相对较少，社区治理绩效及其影响因素间的结构关系仍有待进一步明晰。

基于此，本研究拟以贵州省的典型民族村寨为案例，采用模糊集定性比较分析方法（fsQCA）离析民族旅游地社区治理绩效的影响因素及其组态路径。本研究力图进一步丰富民族旅游村寨社区治理的理论研究，同时也为全面推进民族地区乡村治理体系和治理能力现代化建设提供决策参考。具体研究问题包括：（1）影响民族旅游村寨社区治理绩效的因素都包含哪些？（2）这些要素是通过何种组合关系对治理绩效产生影响的？（3）提升民族旅游村寨社区治理绩效的路径有哪些？

6.2 研究方法与设计

6.2.1 研究方法

定性比较分析（Qualitative Comparative Analysis，QCA）最早由美国社会学家 Charles C. Ragin 于 20 世纪 80 年代提出。它以案例和变量为导向，整合了量化和质化双重取向，为解决复杂因果关系提供了新的视角。QCA 方法将案例视为具有一系列特征的组态，依据特定情境和组态组合，通过布尔代数（Boolean algebra）的原则对条件及因果关系进行分析。它要求研究者在变量选择和处理、分析工具选择以及数据分析过程中，反复"与案例对话"，以确保研究的科学性。根据研究内容不同，QCA 可分为清晰集定性比较分析（csQCA）、模糊集定性比较分析（fsQCA）、多值集定性比较分析（mvQCA）、匹配案例和条件系统（MSDO/MDSO）4 种方法。

本文将利用 fsQCA3.0 软件，采用模糊集定性比较分析方法（fsQCA）进行研究。选择 fsQCA 主要基于以下原因：（1）fsQCA 集合了隶属度的类别和程度，允许取 [0]

和[1]之间的部分隶属分数,不仅延伸了清晰集定性比较分析(csQCA)的赋值精度,同时还具有定性和定量研究的属性优点。(2)fsQCA强调条件变量不是单独影响结果变量的必要条件,而是以不同的组态综合影响结果。通过与案例"对话"可以进行更为深入的分析和对比。结合研究对象的复杂情况,本研究认为使用该方法可以有效探寻出影响民族旅游村寨社区治理绩效的前因条件组合,并挖掘出影响社区治理绩效的多条路径,达到研究目的。

6.2.2 案例地选择

贵州省是一个多民族聚居的省份,自然环境优越、民族传统文化独特,早在20世纪90年代便提出了"旅游扶贫"的概念,并将乡村旅游作为实现乡村振兴的重要抓手加以推广。近年来,贵州省的众多民族村寨开始大力发展乡村旅游,有效推动了社区社会文化和乡村经济的发展,并形成了具有"多彩贵州风"的旅游发展模式。在国家相关部门已公布的两批《全国乡村旅游重点村名录乡村名单》(2019、2020)中,贵州省共有38个乡村入选。而这些地方旅游产业由于独具"贵州特色",成为全国乡村旅游发展的典型代表。与此同时,贵州省的民族村寨也迈入了完善社区治理、促进当地旅游业可持续发展、增进民生福祉的新阶段。各地围绕社区治理的组织形式、治理能力建设等方面展开了多种探索和尝试,取得了诸多成效。

为了聚焦主题并综合考虑研究案例的典型性和代表性,本文首先依据国家发布的两批《全国乡村旅游重点村名录乡村名单》(2019、2020)和《全国乡村治理示范村镇名单》(2019)分别筛选出贵州省的民族村寨名单。而后,综合官方网站、统计资料、报刊等途径数据的可获取性,最终选取20个典型村寨作为研究案例,涵盖贵阳市、安顺市、黔东南州、黔西南州和黔南州等区域(表6-1)。甄选出的案例村寨不仅在旅游发展方面具有一定成效,同时在社区治理方面也表现出多样化的"形态",因此具有一定的代表性和典型性。

表6-1 民族旅游地社区治理案例

序号	案例名称
LG1	贵阳市开阳县南江布依族苗族乡龙广村
PP2	贵阳市乌当区偏坡布依族乡偏坡村
LJ3	贵阳市花溪区青岩镇龙井村
RR4	贵阳市花溪区高坡苗族乡扰绕村

续表

序号	案例名称
TY5	安顺市平坝区乐平镇塘约村
DB6	安顺市西秀区双堡镇大坝村
GD7	安顺市镇宁布依族苗族自治县宁西街道高荡村
ST8	安顺市黄果树旅游区黄果树镇石头寨村
HH9	黔南布依族苗族自治州惠水县涟江街道好花红村
YZ10	黔南布依族苗族自治州贵定县盘江镇音寨村
PY11	黔南布依族苗族自治州都匀市毛尖镇坪阳村
CT12	黔东南苗族侗族自治州江县老屯乡长滩村
ZX13	黔东南苗族侗族自治州黎平县肇兴镇肇兴村
DJ14	黔东南苗族侗族自治州榕江县平阳乡丹江村
BS15	黔东南苗族侗族自治州从江县丙妹镇岜沙村
CD16	黔东南苗族侗族自治州剑河县仰阿莎街道川洞村
NH17	黔西南布依族苗族自治州兴义市万峰林街道上纳灰村
NK18	黔西南布依族苗族自治州贞丰县者相镇纳孔村
LY19	黔西南布依族苗族自治州兴仁市屯脚镇鲤鱼村
NH20	黔西南布依族苗族自治州兴义市万峰林街道下纳灰村

6.2.3 变量选择与赋值

民族旅游村寨社区治理是一个复杂的系统工程。社区治理绩效通常会受到多种要素的影响。单菲菲和高敏娟（2020）在综合多种观点的基础上，提出了一个包括"社区资源、社区权力、社区价值建构、社区组织管理、社区协同领导"在内的社区治理体系。据此，本研究结合民族旅游村寨社区治理的特点，构建包括5个条件变量和1个结果变量的研究框架（表6-2）。

1. 社区资源配置

社区资源是进行社区建设所依托的人、财、物等资源，是社区治理的重要保障。对于民族村寨而言，乡村旅游是依托当地社区资源开展的产业发展形式（冯章献，2019）。社区资源配置有助于提高社区驱动乡村旅游发展的有效性，良好的社区关系网络有利于建造社会信任和社区合作关系（Park et al.，2012）。因此，本研究基于专业化的人力资本、多元化的财力资本和多来源的物力资本三者来衡量社区资源配置情况。如果在社区治理中,同时强调专业化的人力资本、多元化的财力资本和多来源的物力资本赋值为1,强调其中任意两类社区资源的赋值为0.67,仅强调三类社区资源中的一种则赋值为0.33,三者都不存在赋值为0。

2. 社区权力结构

社区权力结构保障了行动者在社区治理中的主体地位,会直接影响到社区治理的组织形式和成效。首先,社区党组织通过党建引领着社区治理的方向,对基层社区治理进行指导(徐莉等,2018)。同时,随着乡村旅游的发展,乡贤、企业、社会组织、研究机构等主体可能会被大量吸纳入乡村建设和治理中,推动旅游社区治理向民主协商与和谐共治模式转变(Li,2020),实现社区内秩序共建与资源共享的社会治理新格局(王翔,2017)。因此,如果社区治理中同时明确强调党建引领、多元主体和协商共治则赋值为1,强调其中任意两项则赋值为0.67,仅强调三项之一赋值为0.33,三者都不存在赋值为0。

3. 社区价值建构

在乡村振兴战略指导下,社区公共价值对于增强社区凝聚力、和谐人际关系、加强民族团结、实现族群认同等具有重要作用(陶长江,2020)。同时,旅游社区治理强调将"社区"作为核心主体纳入旅游管理、决策、利益分配的各环节中,以实现社区的高效参与和利益最大化(左冰和保继刚,2008)。此外,民族地区的旅游发展不仅会带来社区经济增长,更为重要的是通过科学的社区治理能够促进社区公共价值体系的建立,并有效加强社区之间的联系,促进各民族团结进步。因此,如果社区治理中同时明确强调社区居民参与、公共价值的建立和社区居民团结进步则赋值为1,强调其中任意两项则赋值为0.67,仅强调三项之一赋值为0.33,三者都不存在赋值为0。

表6-2 变量选择与赋值情况

变量类别	变量名称	指标类型	赋值规则
条件变量	社区资源配置	1. 专业化的人力资本 2. 多元化的财力资本 3. 多来源的物力资本	1. 同时强调三条为1 2. 强调其中两条为0.67 3. 仅强调其中一条为0.33 4. 不符合以上三个条件为0
	社区权力结构	1. 党建引领 2. 社区多元权力主体 3. 协商共治模式	1. 同时强调三条为1 2. 强调其中两条为0.67 3. 仅强调其中一条为0.33 4. 不符合以上三个条件为0

续表

变量类别	变量名称	指标类型	赋值规则
条件变量	社区价值建构	1. 社区居民参与 2. 公共价值的建立 3. 民族团结进步	1. 同时强调三条为1 2. 强调其中两条为0.67 3. 仅强调其中一条为0.33 4. 不符合以上三个条件为0
	社区组织管理	1. 基于公共价值的管理流程 2. 社区自治权力体现 3. 社区矛盾冲突化解机制	1. 同时强调三条为1 2. 强调其中两条为0.67 3. 仅强调其中一条为0.33 4. 不符合以上三个条件为0
	社区智慧治理	1. 智慧社区服务 2. 智慧社区管理 3. 智慧旅游管理	1. 同时强调三条为1 2. 强调其中两条为0.67 3. 仅强调其中一条为0.33 4. 不符合以上三个条件为0
结果变量	社区治理绩效	1. 全国乡村治理示范村 2. 其他国家级相关荣誉 3. 其他省市级相关荣誉	1. 入选《全国乡村治理示范村镇名单》为1 2. 获得国家相关荣誉和称号为0.67 3. 获得省市相关荣誉和称号为0.33 4. 无国家和省市荣誉和称号为0

变量来源：在参考单菲菲和高敏娟（2020）相关研究的基础上，并结合本研究内容特点编制而成。

4. 社区组织管理

社区治理的出发点和落脚点是以民为本，通过建立群众参与社区治理的"还权、赋能、归位"机制，以实现社区治理创新发展和社区民主自治（蒲新微和衡元元，2021）。在乡村旅游地，社区治理一方面需要严格遵守国家法律法规，而另一方面也需要依据村规民约等非正式规范进行价值观的引领，进而对社区居民的行为进行规范和引导，化解社区矛盾冲突，推动社区有效治理（任路，2016）。因此，若社区治理中具有基于公共价值的管理流程、体现社区自治权力、建立社区矛盾冲突化解机制等三项内容者赋值为1，强调其中任意两项赋值为0.67，仅强调三项之一赋值为0.33，三者都不存在的赋值为0。

5. 社区智慧治理

随着新兴技术在社区治理中的深入应用，智能化和智慧化已成为民族旅游地社区治理的重要趋势。依托智慧治理可以创新社区服务和管理模式，破解居民参与渠道不畅、社区碎片化、资源整合不足、信息不对称等治理困境，提升社区治理的效率（王小强，2021；李锋，2017）。同时，在民族村寨，智慧旅游管理还可以提升乡村旅游发展质量，为社区治理注入新动能。因此，若社区治理中同时强调智慧社区服务、智慧社区管理和智慧旅游管理则赋值为 1，强调其中任意两项则赋值为 0.67，仅强调三项之一赋值为 0.33，三者都不存在赋值为 0。

6. 社区治理绩效（结果变量）

村寨社区治理绩效包括社区经济发展、民生改善、社区和谐等多个方面，是社区治理的直接结果。结合 20 个研究案例的具体情况，本研究选取"社区治理绩效"作为结果变量，同时参照 fsQCA 的研究原理，按照以下标准进行赋值：（1）入选《全国乡村治理示范村镇名单》国家乡村治理示范社区，赋值为 1；（2）获评其他国家级相关荣誉称号［如："全国民族团结进步示范区（单位）、全国民主法治示范村（社区）］，赋值为 0.67；（3）获评省市相关荣誉称号，赋值为 0.33；（4）其他情况赋值为 0。

6.2.4 数据收集

本文通过查阅官方网站、统计资料、报刊等途径对案例地的相关数据进行广泛收集。同时，根据表 6-2 中的赋值标准对条件变量和结果变量进行赋值，并进一步运用 fsQCA3.0 软件进行模糊集定性比较分析。

6.3 数据分析

6.3.1 单变量必要性分析

单一条件变量分析可以判断前因变量是否为民族旅游地社区治理绩效的必要条件，关键指标为一致性（Consistency）和覆盖率（Coverage）。当一致性大于 0.9 时，可视为结果的必要条件。覆盖率表示条件变量对于因果路径的解释能力，值越高表明解释力越强。公式为：

$$\text{Consistency}(X_i \leq Y_i) = \sum[\min(X_i, Y_i)]/\sum X_i \tag{1}$$

$$\text{Coverage}(X_i \leq Y_i) = \sum[\min(X_i, Y_i)]/\sum Y_i \tag{2}$$

式中，X_i 为条件组合中的隶属分数；Y_i 为结果中的隶属分数。

从表 6-3 可以看出，在条件变量对结果变量的影响中，"社区资源配置"的一致性为 0.943493，是"社区治理绩效"的必要条件，其覆盖率为 0.733688，可以解释约 73.37% 的案例。"~社区智慧治理"的一致性为 0.920673，是"~社区治理绩效"的必要条件，可以解释约 44.18% 的案例。表明在民族旅游村寨，社区治理绩效是在资源驱动范式基础之上。

表 6-3 单变量必要性分析

条件变量	结果 = 社区治理绩效		结果 = ~社区治理绩效	
	一致性	覆盖率	一致性	覆盖率
社区资源配置	0.943493	0.733688	0.718750	0.398136
~社区资源配置	0.226027	0.530120	0.519231	0.867470
社区权力结构	0.798801	0.736385	0.639423	0.419889
~社区权力结构	0.370719	0.590723	0.598558	0.679400
社区价值建构	0.799658	0.849091	0.516827	0.390909
~社区价值建构	0.426370	0.553333	0.800481	0.740000
社区组织管理	0.714041	0.893891	0.317308	0.282958
~社区组织管理	0.427226	0.467666	0.881010	0.686973
社区智慧治理	0.171233	0.751880	0.118990	0.372180
~社区智慧治理	0.857021	0.577278	0.920673	0.441753

6.3.2 多因素组合分析

由于本文的研究案例（20个）属于中小样本，根据Ragin（2008）的研究建议，将一致性设置为0.8，频数设置为1，得到简约解、中间解和复杂解。在组态分析中，同时出现简约解和中间解的变量和必要条件分析中出现的变量均为核心条件，仅出现中间解的变量为补充条件，据此得到条件构型（表6-4）。"社区价值建构"和"社区组织管理"两个变量是组态中的核心条件。在实现社区治理绩效的3个组态中，其中一致性最低为0.857449（大于0.8），总体解的覆盖率为0.857021（大于0.5），说明3个组态在整体上能解释社区治理绩效实现的85.7%的案例，具有较高的解释力度。

具体而言，在组态1"~社区智慧治理*社区价值建构*社区资源配置"中，"社区资源配置"和"社区价值建构"为核心条件，"社区智慧治理缺失"为补充条件；在组态2"~社区智慧治理*社区组织管理*社区权力结构*社区资源配置"中，"社区资源配置"和"社区组织管理"为核心条件，"社区权力结构"为补充条件，"社区智慧治理缺失"为补充条件；在组态3"社区组织管理*社区价值建构*社区权力结构*社区资源配置"中，"社区资源配置"和"社区价值架构"为核心条件，"社区组织管理"和"社区权力结构"为补充条件。可以看出，民族旅游村寨社区治理绩效受多重条件组态影响，并呈现一定的规律性。

6.3.3 社区治理绩效的实现路径

基于上述分析，可以发现乡村旅游地社区治理绩效有价值建构驱动、权力组织驱动和多因素综合驱动3条实现路径。

1. 价值建构驱动路径（组态1）

该路径表明，社区治理绩效依赖于社区价值建构和社区资源配置，而较少关乎社区智慧治理。本研究中贵阳市花溪区高坡苗族乡扰绕村是一个布依民族村寨，以"溪南十锦"项目建设为契机，依托民族文化，大力发展以"农业+旅游"为主的乡村旅游；依托村规民约、文化节庆活动提升居民生态文明理念，使得当地社区形成了遵守社会规范和社会信任的良好风气和氛围；通过民主协商机制有效发挥乡贤寨老、红白理事会、民主协商会的社区治理作用。安顺市平坝区乐平镇塘约村在发展乡村旅游过程中，将土地等资源确权后流转到合作社，实现"资源变资产，资金变股金，农民变股民"，让居民真正参与到旅游发展过程中，并实现利益最大化。安顺市西秀区双堡镇大坝村以"乡风文明、治理有效"为目标，依托社区文化长廊宣传社会主义核心价值观，通过"二三四"居民公约，对居民生产生活行为进行规范；通过"支部+合作社+基地+农户"形式，实现居民土地入股和分享乡村旅游红利。上述案例通过社区参与和社区增权明确了利益相关者的关系，使得乡村旅游对于普通居民更具参与性，有利于当地乡村旅游的可持续发展（蒲新微和衡元元，2021；兰金秋等，2019；余志远等，2021）。

2. 权力组织驱动路径（组态2）

该路径表明，社区治理绩效在社区资源配置的基础上，强调社区权力结构和组织管理，而在社区智慧治理方面有待进一步提升。案例中，贵阳市乌当区偏坡布依族乡偏坡村充分挖掘社区资源，将布依服饰制作技艺、布依婚宴盘古歌、布依古法酿酒、布依美食以及"六月六"民族风情节打造成旅游吸引物；在党建引领下进行乡村振兴建设，通过"道德讲堂"向居民宣传社会主义核心价值观，并依托"村民形象评议墙"创新民主自治途径。贵阳市花溪区青岩镇龙井村坚持共商共建共治共享的社区治理理念，村民将农房、土地等资产以入股、出租或流转等方式参与到乡村旅游中；在党支部的领导下，通过开展生态文明村寨、和谐村寨创建活动，建立健全相关管理制度和村规民约，设置不同志愿服务岗位确保当地居民多渠道参与社区治理过程；同时把以移风易俗作为文明村风建设的着力点，不断提升乡村精神面貌。黔东南州江县老屯乡长滩村创新"三向培养"制度解决社区治理人才瓶颈问题，实现了由优秀人才到致富带头人再到村干部的发展路径。从社区权力组织来看，乡村旅游业发展的三管齐下方针（即政府主导＋企业援助＋居民参与）是少数民族地区居民行使社区治理权力的重要来源（Li，2020）。

3. 多因素综合驱动路径（组态3）

该路径表明，社区治理绩效受社区资源配置、社区价值建构、社区权力结构和组织管理等多个因素的综合影响，同时社区智慧治理的重要性也进一步凸显。案例中，黔南州惠水县涟江街道好花红村依托社区品牌资源优势，在政府部门扶持下，通过乡村旅游使得村庄发生"蝶变"；社区把实现村民自治作为社区治理的重点，不断完善机制建设；在社区智慧治理方面，通过社区党建云平台加强党员学习教育，通过电子商务村创建进行智慧旅游服务和管理，并有效提高了社区旅游治理绩效。黔东南州剑河县仰阿莎街道川洞村加强基层党建，通过完善利益分配机制凝聚人心，在驻村干部的帮扶下，完善村庄基础设施建设，搭建产业发展平台，实现了同步小康。黔西南州兴仁市屯脚镇鲤鱼村通过智慧旅游服务提高大众对旅游目的地的认知，增强旅游行为意向，提升服务质量和管理水平。可见，在实现社区良性治理的过程中，让居民参与旅游规划、旅游发展和利益分配，坚持民主自治和智慧治理可以提高社区治理绩效（李锋，2017；余志远，2021；Wang et al.，2010）。

表6-4 实现社区治理绩效的条件组合分析

条件变量	组态		
	1	2	3
社区资源配置	●	●	●
社区权力结构		•	•
社区价值构建	●		●
社区组织管理		●	•
社区智慧治理		⊗	⊗
一致性（consistency）	0.857449	0.954918	0.95498
原始覆盖率（raw coverage）	0.684932	0.598459	0.599315
唯一覆盖率（unique coverage）	0.172089	0.0856165	0.0864726
总体解的一致性（solution consistency）	0.882716		
总体解的覆盖率（solution coverage）	0.857021		

注：●核心条件存在，•补充条件存在，⊗补充条件缺失。

6.4 结论与讨论

本研究以贵州省 20 个典型民族村寨为案例,运用模糊集定性比较分析方法对民族旅游地社区治理绩效的影响因素和实现路径进行了探讨。主要结论如下:

其一,社区资源配置是影响社区治理绩效的必要条件。民族旅游村寨社区治理以社区资源配置为基础,并因地制宜实现差异化治理。随着乡村旅游发展的推进,各地方政府和市场通过多元化的渠道向社区注入了人力资本、财力资本和物力资本,成为社区治理的重要保障。在此基础上,各地根据自身特点搭建起了不同的资源组合形式和社区治理模式,并为社区经济增长、民生改善、社区和谐关系构建、旅游高质量发展等做出了重要贡献。

其二,社区价值构建和社区组织管理是取得社区治理绩效的重要条件。社区公共价值对于增强社区凝聚力、和谐人际关系、加强社区居民团结等具有重要作用。民族村寨通过村规民约和文化活动等途径构建社区公共价值,对居民生产生活行为进行规范。社区组织管理通过建立健全民主法治的体制机制,为各治理主体进行"确权、保权、设权和增权",以实现社区治理创新发展和社区民主自治。

其三,社区治理可通过价值建构驱动、权力组织驱动和多因素综合驱动 3 条路径实现绩效提升。价值建构驱动路径强调通过资源配置明确利益相关者的关系,使得居民在乡村旅游和社区治理过程中更具参与性和民主性。权力组织驱动路径强调社区权力结构和组织管理需要在党建引领下,实现政府、企业、社区等多元主体的协商共治。多因素综合驱动路径强调在实现社区良性治理的过程中,通过多种途径让居民参与发展和利益分配,坚持民主自治和智慧治理。

本研究基于模糊集定性比较分析对民族旅游村寨社区治理绩效影响因素及其实现路径进行了探讨,可以在一定程度上丰富民族旅游地社区治理的理论研究,同时也能为相关地区社会治理体系和治理能力现代化建设提供决策参考。但本研究也存在一定的局限:一是研究选取贵州省的 20 个典型乡村村寨作为案例,其得出的研究结论是否具有全国范围的普适性尚需检验。因此,未来有必要选取更为多样化的全国样本作为案例进行更为系统的研究,以找出其中的规律性结论。二是变量赋值上虽然严格按照模糊集定性比较分析方法的原理和流程进行操作,但是难以避免地会存在某些主观性和局限性。因此,未来有必要进一步通过问卷调查、深入访谈等多元化的研究方法进行资料收集,以提升研究的科学性和可信度。

第四篇

粮食生产、粮食安全与可持续发展

第 7 章　旅游发展与粮食生产效率的耦合机制

7.1 研究问题提出

粮食安全是关系国家安全和社会民生的重大安全问题（成升魁等，2018）。作为农业大国和人口大国，中国以占世界 8% 的耕地养活了世界 22% 的人口。旅游业是国民经济的战略性支柱产业，多年来对中国 GDP 增长做出重要贡献，并在增加外汇收入、推动三产融合、提供就业机会等方面产生了明显的综合带动效应。"食"是旅游六要素之一，同时旅游业也是食物消费的重点行业。为了保障国家粮食安全和旅游产业高质量发展，近年来国家相继出台了多项措施进行粮食"减损"和"增产"。一方面，2021 年出台了《中华人民共和国反食品浪费法》并对旅游行业中的食物浪费问题做出了相关规定；另一方面，《中华人民共和国国民经济和社会发展第十四个五年规划和 2035 年远景目标纲要》明确提出要使能源、资源配置更加合理和利用效率大幅提高。一般来说，土地、劳动力、资本等是粮食生产和旅游产业发展的基础要素，平衡好各类要素的投入比例、提升各类要素的使用效率不仅是新时期高质量发展的目标要求，更是加快发展现代产业体系、推动经济体系优化升级的重要举措。

提升粮食生产效率并保障粮食有效供给是粮食安全体系的重要组成部分。近年来，学者们对粮食生产效率进行了多维度的研究。其中，粮食生产效率的测算是目前学术界研究的热点。Bahrami 等（2011）利用 DEA 模型对小麦的生产效率进行了评估，提出了小麦生产能源投入比例的优化措施。张利国等（2016）利用计量分析方法测算了全国 13 个粮食主产区的粮食全要素生产率并分析了其驱动因素。同时，学者们提出粮食生产是一个综合性的系统工程，其生产效率受到多种要素的影响。一方面，土地、劳动力、机械化等系统内部要素是影响粮食生产效率的关键因素。有学者研究发现，耕地密度、土地多样化利用会抑制粮食生产效率的增长，耕地面积和耕地利用强度会显著提高粮食生产效率（杨勇等，2017；李雨凌等，2021）。与此同时，学者们从宏微观多个视角对劳动力市场进行了深层次探讨，提出劳动力价格和劳动力市场结构等会对粮食生产效率产生一定的影响（杨进等，2016；戈大专等，2017；Abate & Kuang，2021）。此外，学者们还发现农业机械应用、种植技术改良等也是提升粮食生产效率的有效手段之一（Zhang et al.，2017；彭继权等，2021）。另一方面，政策、城镇化等外部要素会通过影响农民种粮积极性、农作物种植结构、农业基础设施建设等对粮食生产效率产生不同程度的影响（甄霖等，2017；高延雷等，2019；Jiao et al.，2018）。除此之外，学者们还发现粮食生产效率也会受到气候变化、生态系统、能源安全等自然要素的影响（张荣荣等，2018；林志慧等，2021）。总的来看，粮食生产效率既会受到农业产业内部要素的影响，同时也受到社会环境和自然环境等外部因素的影响。

旅游业因其在促进区域经济增长、推动社会发展、满足人民日益增长美好生活需要等方面具有重要作用，一直是学界关注的热点。目前学者们关于旅游综合发展水平的研究多集中在资源禀赋、供给与需求、可持续发展、竞争力评价等方面。Erfan等（2018）从空间系统的角度阐述了自然资源对旅游经济增长的重要性。保继刚等（2020）梳理了中国旅游资源评价的发展历程，指出新技术的应用可以提高旅游资源的开发、利用效率。同时，学者们发现，旅游需求和旅游供给是相互依存、相辅相成的关系，二者间动态平衡能促进旅游业的健康发展（于洪雁和刘继生，2017）。何建民（2019）提出，影响旅游有效供给的因素主要有资源、基础设施、专业服务能力等，影响旅游需求的因素主要有旅游动机、时间和购买力等。Zhang等（2018）通过分析中国香港地区的旅游发展情况，提出信息共享是协调好旅游需求和供给关系的有效途径。关于旅游可持续发展，学者们提出它是以增进人类福祉为目的，强调社会、生态、人文等协调统一的发展理念（Dluzewska，2019）。目前对旅游可持续发展能力的研究主要涉及环境承载力、环境影响评价、生态足迹分析等方面（朱佳玮等，2021；刘军和马勇，2017；Lin et al.，2018）。此外，学者们研究发现，资源禀赋、供给与需求、可持续发展等要素会共同影响旅游竞争力。其中，差异化的旅游资源会影响旅游竞争力大小，旅游需求是保障旅游具备竞争力的前因条件，而可持续发展能力能够促进旅游具备长久的竞争力（董引引和曲颖，2021）。综上，旅游产业发展既会受到来自产业内部资源禀赋、供给能力等方面的影响，同时也会受到来自外部发展环境、市场需求等多方面的影响。

粮食生产与旅游业的关系密不可分。早在1983年，Bélisle（1983）就提出旅游业和农业在劳动力与土地之间存在竞争关系，并且二者之间的竞争关系受到土地价值、土地使用效率和食品价格等因素的影响。随着研究的深入,学者们对粮食生产与旅游业的关系进行了更为细致地探索。Telfer 等(1996)研究发现,粮食生产和旅游业之间存在着一个"冲突—共生"的关系演化过程。一般来说,在当地旅游业发展初期,两者会在土地、劳动力和资本等方面存在竞争关系,然而随着旅游业发展进入外溢阶段,两者的互利共生关系会逐渐显现出来。同时,学者们还发现,粮食生产与旅游业之间的互动关系会对当地社会发展产生一定影响。Torres(2003)指出,旅游业的发展使得目的地对粮食的需求增大,从而间接提升当地的社会经济发展水平。与此同时,Troncos 等(2019)也发现,旅游目的地的社会环境与粮食生产、食品价格和旅游业之间存在相互影响的关系,前者会在一程度上影响后三者的发展水平(或水平),而后三者也会通过某些复杂的机制反作用于前者,它们之间是一种相辅相成的有机系统关系。总的来看,粮食生产与旅游产业发展之间存在着密切的相互作用关系,但是二者之间存在怎样的关联机制?其耦合协调关系在时间和空间维度上的演化特征如何?处在各耦合协调状态下的省市区未来可能的发展状态是什么?影响二者耦合协调关系的因素主要有哪些?这些问题都有待进一步明晰。

基于此,本文拟以 2010—2019 年全国 31 个省(市、自治区)(不含港澳台地区)为研究对象,在阐述粮食生产效率与旅游业发展水平相互作用机理的基础上,借助 DEA-CCR 模型和熵值权重法分别计算出粮食生产效率和旅游业发展水平,并利用耦合协调模型、马尔科夫链、地理探测器进一步探讨两者耦合协调发展的时空分异特征及其影响因素。通过本文,以期为提升粮食生产综合效率和促进旅游业高质量发展提供理论参考,并为国家粮食安全战略的实施提供决策支撑。

7.2 研究方法与数据来源

7.2.1 研究模型构建

粮食生产效率反映的是当前粮食生产的综合技术能力和未来的生产潜力(王美知和魏凤,2021)。旅游业发展水平则是体现区域经济、社会、文化发展水平的重要维度(王新越等,2020)。为了进一步离析两者间的影响关系及其作用机理,本文在参考现有相关研究的基础上(Bélisle,1983;Telfer,1996;Torres,2003;Troncos & Arzeno,2019)构建研究模型(图 7-1)。

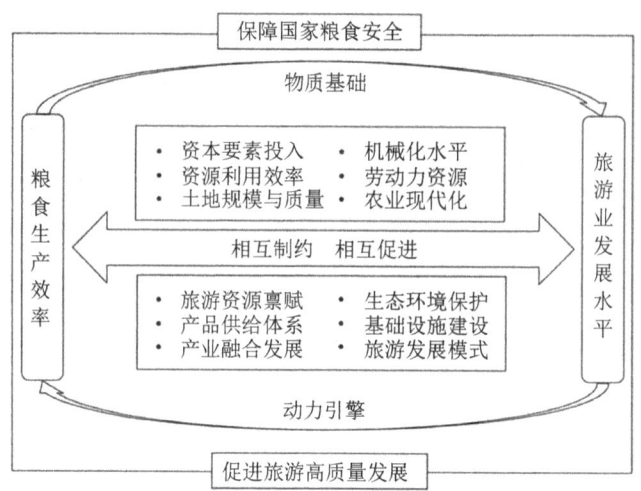

图 7-1 粮食生产与旅游发展的耦合协调理论模型

研究模型中存在一对显著的作用关系，即粮食生产效率是旅游高质量发展的物质支撑，旅游发展水平是高效粮食生产系统的动力引擎，两者存在相互制约、相互促进的耦合关系。

（1）粮食生产是旅游业的物质基础和重要组成部分。学者们提出，粮食生产是一个受多要素影响的综合系统，土地、劳动力、机械应用等要素会显著影响粮食生产效率（李雨凌等，2021；杨进等，2016；戈大专等，2017；Abate & Kuang，2021；Zhang et al.，2017；彭继权等，2021）。与此同时，Mak 等（2012）研究指出粮食为旅游者提供了最基本的生活需要和能量基础，粮食（食物）消费是旅游消费的核心组成部分。王灵恩等（2017）指出食物消费会驱动和影响旅游地食物生产和供给的各个产业门类，进而影响旅游地的社会经济发展。同时，学者们还指出粮食生产所承载的传统文化本身也是一种重要的旅游吸引物，并通过对目的地品牌的塑造提升旅游地的知名度（Henderson，2009）。此外，通过 Rodriguez 等（2016）的研究还可以发现粮食生产和食物消费关系到旅游地环境和自然生态，尤其是低碳、绿色的农业发展和食物消费模式能够有效缓解旅游业发展带来的气候变化问题（王灵恩等，2017）。总的来看，粮食生产对旅游业发展具有决定性的作用，粮食生产效率的提升可以在一定程度上促进旅游业发展水平。

（2）旅游产业发展是粮食生产的重要助推力。学者们提出，旅游业发展水平受资源禀赋、发展模式等系统内部因素和产业结构、市场环境等外部环境的多重影响（Erfan et al.，2018；保继刚等，2020；于洪雁和刘继生，2017；何建民，2019；董引引和曲颖，2021；Bélisle，1983）。与此同时，Hermans（1981）研究发现旅游发展直接关系到目的地农民的经济收入水平，从而对粮食的生产效率产生影响。同样地，黎洁等（2019）指出旅游活动在一定程度上改变了当地农户的生计类型，而农户旅游参与则对农业生产有着积极的正向作用。此外，从宏观角度来看，旅游产业会带动目的地的经济社会全面发展，并为粮食生产提供必要的技术支持和资金保障（仲俊涛等，2014）。而从微观角度来看，旅游业作为串联粮食生产、食物加工与销售等环节的重要手段，能够在一定程度上扩大粮食生产的有效供给。总之，旅游产业发展对粮食生产会起到重要的拉动作用，提升旅游业发展水平可以同时带动粮食生产效率的提高。

因此，本文拟在上述研究模型的基础上，运用数理统计方法采用全国31个省（市、自治区）（不含港澳台地区）的相关面板数据对粮食生产效率与旅游业发展水平的耦合关系进行实证研究，以进一步离析两者的时空耦合关系及作用机制。

7.2.2 研究方法

1. 数据包络分析方法

数据包络分析方法（Data Envelopment Analysis，DEA）是对决策单元进行生产效率评价的一种非参数分析方法。优点是不需要已知生产前沿的具体函数，而只需投入和产出数据即可对决策单元进行效率测评。Charnes 等（1978）在1978年提出了DEA-CCR 模型，在假定规模报酬不变的基础上，测算决策单元的技术效率。DEA-CCR 模型的计算公式如下（郭向阳等，2020）：

$$\begin{cases} min[\theta - \varepsilon(e^T s^+ + e^{-T} s^-)] \\ s.t \sum_{j=1}^{n} X_{jm}\lambda_j + S^- = \theta X_0, m = 1,2,\cdots, M \\ \sum_{j=1}^{n} Y_{jr}\lambda_j - S^+ = Y_0, r = 1,2,\cdots, R \\ \lambda_j \geq 0, j = 1, 2, 3, \cdots, n; S^-, S^+ \geq 0 \end{cases} \quad (1)$$

式中，X 和 Y 分别表示 n 个决策单元的投入与产出；m 和 r 分别表示投入变量和产出变量的个数；λ_j 是某项指标的权重系数；S^- 和 S^+ 分别为剩余变量和松弛变量；ε 表示非阿基米德无穷小量；θ 为综合生产效率值，其取值范围为[0，1]，当 θ 等于1时，说明投入与产出达到了最优。

2. 熵值权重法

信息熵是表达系统无序程度的度量（唐志鹏，2018）。用熵值的思想来确定各构成要素指标的权重，可以在一定程度上避免主观赋值方法的缺陷。对于某项指标来说，信息熵值越大,则指标的变异程度越大,说明该指标在综合评价中起的作用越大。使用熵值权重法计算旅游业发展水平的步骤及公式,如表7-1所示(张旭等,2020)。

表7-1 旅游业发展水平计算公式

序号	步骤	公式
1	对数据进行无量纲化处理	$z_{ij} = \dfrac{x_{ij} - \min\{x_{1j},\ x_{2j},\ \cdots,\ x_{ij}\}}{\max\{x_{1j},\ x_{2j},\ \cdots,\ x_{ij}\} - \min\{x_{1j},\ x_{2j},\ \cdots,\ x_{ij}\}}$
2	计算指标比重	$P_{ij} = \dfrac{z_{ij}}{\sum_{i=1}^{n} z_{ij}}$
3	计算指标熵值	$e_{ij} = -\dfrac{1}{lnn} \sum_{i=1}^{n} P_{ij} \ln(P_{ij})\ (j = 1,\ 2,\ \cdots,\ m)$
4	计算指标的冗余度	$d_j = 1 - e_{ij}(j = 1,\ 2,\ \cdots,\ m)$
5	计算指标的权重	$w_j = \dfrac{d_j}{\sum_{j=1}^{m} d_j}\ (j = 1,\ 2,\ \cdots,\ m)$
6	计算地区旅游业综合得分	$score_i = \sum_{j=1}^{m} w_j z_{ij}(i = 1,\ 2,\ \cdots,\ n)$

3. 耦合协调度模型

耦合度源于物理学概念,指两个或两个以上的实体相互依赖于对方的程度,后来被引入地理、社会、经济等研究领域(朱媛媛等,2021)。协调度能够反映系统要素之间的协同效应和平衡状态。基于此,本文在参考已有研究的基础上(Torres, 2003; Troncos & Arzeno, 2019),构建粮食生产效率—旅游发展耦合协调度模型,表征二者之间的交互作用及协调发展水平。具体计算公式如下(丛晓男,2019):

$$C = 2\sqrt{\dfrac{u_1 u_2}{(u_1 + u_2)^2}} \quad (2)$$

$$T = a \cdot u_1 + b \cdot u_2 \quad (3)$$

$$D = \sqrt{C \cdot T} \quad (4)$$

式中,u_1 和 u_2 分别为粮食生产效率和旅游发展的综合指数。C 为耦合度,取值范围为 [0,1],C 值越高说明两者相互作用越强。T 为综合协调指数。a 和 b 为待定系数且 $a+b=1$。由于本文主要研究的是两个系统(变量)间的耦合协调关系,为了保证两者在统计计量中的"对等"(平等)关系,在参考已有研究的基础上(李建豹等,2021;赵雪雁等,2021;葛世帅等,2021),此处取 $a=b=0.5$;D 为耦合协调度,$D \in [0,1]$,

D 值越大说明两者发展越协调,反之则说明两系统之间协同程度低。根据耦合度 C 以及协调度 D 的测算值,可将耦合协调关系分为五类(表 7-2)(李建豹等,2021;赵雪雁等,2021;葛世帅等,2021;Ahmad,2019):

表 7-2 耦合协调关系类型划分

区间	耦合度 C	协调度 D	耦合协调类型
[0.0, 0.1]	恶性耦合	严重失调	失调衰退
(0.1, 0.2]			
(0.2, 0.3]	拮抗阶段	轻度失调	低级耦合协调
(0.3, 0.4]			
(0.4, 0.5]		基本协调	初级耦合协调
(0.5, 0.6]	磨合阶段		
(0.6, 0.7]		中度协调	中级耦合协调
(0.7, 0.8]			
(0.8, 0.9]	良性耦合	优质协调	高级耦合协调
(0.9, 1.0]			

4. 马尔科夫链

马尔科夫链(Markov Chain)是一种经典的预测模型,常用于研究在无后效性的条件下,某一社会现象的随机转移概率问题(Ahmad,2019)。具体研究步骤是,首先,将某一现象不同时刻的连续属性值进行离散化处理,以确定马尔科夫预测模型的状态空间与参数集合;其次,将参数划分为 k 种类型,计算每种类型在研究期间的概率分布与变化情况,构造状态转移概率矩阵 M。假设 t 年份属于类型 i 的省份在 t+1 年份转变为类型 j 的概率为 P_{ij},其计算公式为(Ahmad,2019):

$$P_{ij} = \frac{n_{ij}}{n_i} \quad (5)$$

式中,n_{ij} 表示研究期内 t 年属于类型 i 的省份在 t+1 年转变为类型 j 的省份数量总和(个);n_i 表示研究期内,所有 i 类型省份的数量总和(个)。

5. 地理探测器

地理探测器是对空间分异性特征及其驱动力进行分析的空间计量方法(姜磊等,2021)。本文主要运用地理探测器中的因子探测器和交互作用探测器,以探究影响粮食生产效率和旅游业发展水平耦合协调关系的驱动因素。其中，因子探测器的作用是探测某因子 X 对于属性 Y 的空间分异性解释程度；而交互作用探测器主要探测不同因子交互作用结果（q 值），以此判断两种因子共同作用时对 Y 的因子解释力的变化（增强抑或减弱）。因子探测的计算公式为（姜磊等，2021）：

$$q = 1 - \frac{\sum_{h=1}^{L} N_h \sigma_h^2}{N\sigma^2} \qquad (6)$$

式中，q 为因子 X 对属性 Y 解释力的度量，取值范围为 [0，1]，q 越接近 1，表明 X 对 Y 的解释力越高；L 为 X 或 Y 的分层；N_h 和 σ_h^2 分别为层 h 的单元数和方差；N 和 σ^2 分别为研究区域整体的单元数和方差。

7.2.3 指标体系

1. 粮食生产效率

在参考现有相关研究的基础上（王跃梅等，2013；伍国勇等，2019），并结合数据的可获性和准确性选择投入、产出指标。产出指标选择各决策单元（DMU）的粮食总产量，投入指标选取粮食生产的土地、灌溉、化肥、机械和劳动力 5 个要素（表 7-3）。其中，土地投入以粮食播种面积计算；灌溉、化肥和机械分别以有效灌溉面积、农用化肥使用量（折纯量）和农用机械总动力乘以粮食播种面积与农作物播种面积的比值计算得出；从事粮食生产的劳动力数量为第一产业从业人员×（农业总产值/农林牧渔业总产值）×（粮食播种面积/农作物播种面积）计算得出。

表 7-3 粮食生产效率投入、产出指标体系

类别	指标	指标解释	单位
产出	粮食产量	粮食总产量	万 t
投入	土地投入	粮食播种面积	千 hm²
	灌溉投入	有效灌溉面积	千 hm²
	化肥投入	用于粮食生产的化肥使用量	万 t
	机械投入	用于粮食生产的机械总动力	kW·h
	劳动力投入	从事粮食生产的劳动力数量	万人

2. 旅游产业发展水平

依据旅游产业发展特点，遵循科学性、数据可得性等原则，并在参考贾垚焱等（2021）、孙剑锋等（2019）、赵磊等（2014）等的研究基础上，构建包含旅游规模、

接待能力、资源禀赋三个层面的旅游发展水平评价指标体系（表7-4）。旅游规模是游客需求的外在体现，选用旅游外汇收入、国内旅游收入、入境旅游人次和国内旅游人次来表征。旅游接待能力是保障旅游产业发展的重要基础，选用星级饭店数量、路网密度、第三产业从业人数等指标衡量。其中，路网密度用区域内公路总里程/行政区域面积表示。资源禀赋是旅游产业得以发展的核心前提，选用旅游景区数量、博物馆数量、公共图书馆数量和艺术表演场馆数量进行衡量。

表7-4 旅游发展评价指标体系

目标层	指标类	指标层	单位	权重
旅游发展水平	旅游规模	旅游外汇收入	万美元	0.1595
		国内旅游收入	亿元	0.0782
		入境旅游人次	万人次	0.1537
		国内旅游人次	万人次	0.0986
	接待能力	星级饭店数量	个	0.0487
		路网密度	km/km^2	0.0476
		第三产业从业人数	万人	0.0550
		第三产业固定资产投资	亿元	0.0644
		旅行社数量	个	0.0545
	资源禀赋	旅游景区数量	个	0.0688
		博物馆数量	个	0.0571
		公共图书馆数量	个	0.0313
		艺术表演场馆数量	个	0.0826

7.2.4 数据来源及处理

本文以全国31个省（市、自治区）（不含港澳台地区）为研究对象，研究数据主要来源于相应年份的《中国统计年鉴》《中国农村统计年鉴》《中国第三产业统计年鉴》以及各省（市、自治区）统计局、旅游等部门的官方网站（部分数据经过二次处理）。同时，为保证数据的完整性，部分缺失数据使用均值平滑法进行补充。研究数据使用 DEAP 2.1、Stata 15.1 和 ArcGis10.2 软件进行分析处理。

7.3 实证结果分析

7.3.1 粮食生产效率的时空分异特征

经过分析全国粮食生产效率的时空分异特征，可以看出，研究期内全国大部分省份粮食生产效率呈现出波动增长的态势，但目前部分省份效率仍有待提高，地区间存在着较为明显的不均衡现象。具体表现为：

2010—2019 年间，全国平均粮食生产效率从 0.846 到 0.867，且超 2/3 的省份生产效率呈波动上升趋势。这表明我国粮食产业的资源配置与资源使用效率等综合能力总体上随时间演化而不断提升。从地区层面来看，各省份呈现出不同的发展特点。根据其生产效率的高低及发展状态可以分为高效率波动增长、高效率波动下降、低效率波动增长和低效率波动下降4种类型。（1）高效率波动增长型，主要包括辽宁、吉林、黑龙江、上海、江苏、江西、重庆、四川、贵州、青海、新疆。其粮食生产效率高于全国平均水平且处于波动增长的状态。值得注意的是，吉林、黑龙江、上海、江西和重庆地区生产效率一直处于较高水平，说明以上 5 个地区粮食产业的投入要素比例配置合理，资源利用效率较高。（2）高效率波动下降型，主要包括山东、湖北、湖南、西藏。其粮食生产效率处于较高水平，但是呈现出下降趋势。（3）低效率波动增长型，主要包括天津、河北、山西、内蒙古、安徽、河南、海南、云南、陕西、甘肃、宁夏等 11 个省份。其粮食生产的效率虽然低于全国平均水平，但呈现出上升趋势。（4）低效率波动下降型，主要包括北京、浙江、福建、广东、广西。未来可以适当扩大粮食种植规模、调整各类生产要素投入比例并提升相关技术的应用效率（见图 7-2）。

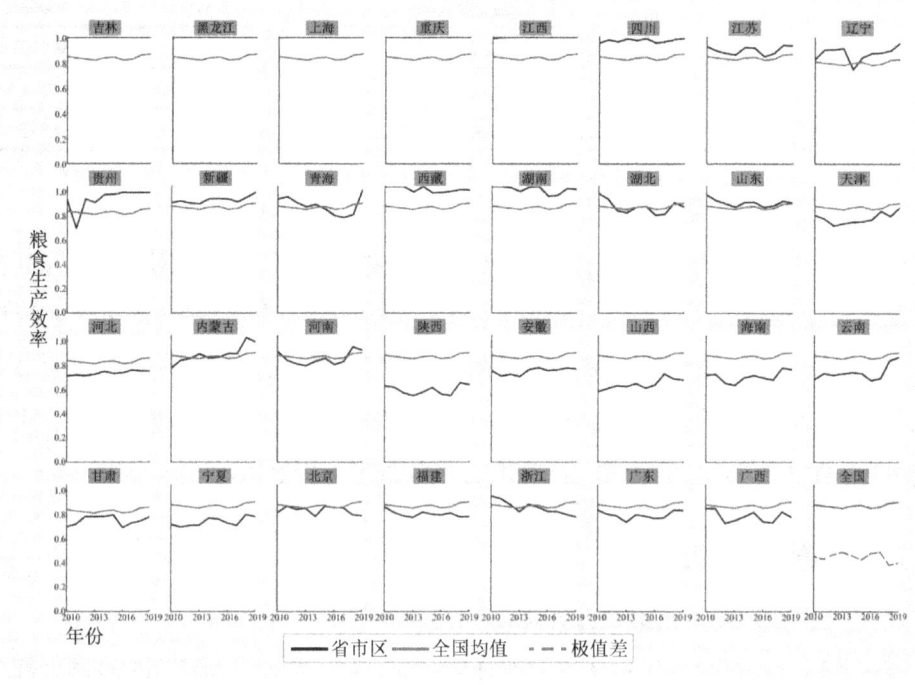

图 7-2　2010—2019 年全国粮食生产效率测算结果

从空间分布来看，各省份之间因地理区位、资源禀赋条件不同，地区间存在不平衡现象。具体来看，中部及部分沿海地区粮食综合生产效率低于大部分西部地区和东北地区，形成了由东北向西南"高—低—高"的空间格局。但研究期（2010—2019年）内，中国粮食生产效率的极值差由 0.44 下降至 0.39，说明省域之间发展差异正在逐渐缩小。省域层面上，东北、吉林、辽宁、四川、贵州、青海、西藏、新疆等地区粮食生产效率明显高于宁夏、陕西、山西、河北、安徽、浙江等大部分中东部地区。这主要是由于东北部地区拥有较高的气候生产潜力，能够为粮食生产及农业发展提供较好的光能、热量、水资源等生产环境（徐雨晴，2019）。西部地区虽然气候资源相对有限，特别是西北地区的水资源较为匮乏，但是其粮食作物气候资源利用率较高（罗海平等，2021），在一定程度上提升了粮食生产效率。相比之下，部分中部地区城市扩张、建设用地占用以及工业化和城镇化的快速发展导致耕地保护压力较大，粮食生产空间减少，这在一定程度上导致粮食生产效率相对偏低。其中，河北、河南、安徽等粮食生产大省，尽管其具有较好的耕地资源和粮食种植条件，但由于劳动力、土地及其他农业生产资源（如化肥、灌溉）的投入比例倒置（比例较大），导致长期以来粮食生产效率相对较低。它们在资源配置效率方面仍具有较大的提升空间，未来有必要根据各类粮食的种植需要，因地制宜调整优化粮食生产要素的投入比例，不断提升粮食生产的规模效率和技术效率，为保障国家粮食安全和粮食生产的可持续发展奠定坚实支撑。

7.3.2 旅游发展水平的时空分异特征

经过分析中国旅游发展水平的时空分异特征，可以发现，研究期内全国各省份旅游产业发展水平均有显著提升，总体呈现出逐年增长的递进式发展态势；区域间旅游发展不平衡的问题较为突出，且差异化程度有扩大趋势。

时间维度上，全国旅游业发展水平的综合得分逐年上涨。具体来看，从 2010 年的 0.1454，上涨至 2015 年的 0.1966，而后又上升至 2019 年的 0.2543，表明我国旅游业的发展水平呈现显著提升趋势，旅游规模、接待能力、资源禀赋等方面有了较大提升。省域层面，各地区旅游发展水平均呈现出波动上升的态势，但增幅各不相同，河北、江苏、浙江、安徽、福建、江西、山东、河南、湖北、湖南、广东、广西、重庆、四川、贵州、云南、陕西等 17 个地区增长幅度高于全国平均水平，属于快速增长型。其中，广东省增长幅度最大，2010 年为 0.4590，2015 年为 0.5725，2019 年为 0.7199，年均增长 0.0253。这可能是由于广东地区旅游资源禀赋较高，同时拥有较好的经济基础,在旅游配套设施建设、高素质服务人才培养等方面投入较高,使其具备旅游产业持续增长的有利条件。北京、天津、山西、内蒙古、辽宁、吉林、黑龙江、上海、海南、甘肃、青海、宁夏、西藏、新疆等14个省份属于平稳增长型,其增长幅度低于全国平均水平。其中,北京、青海和宁夏属于增长最小的3个省份。值得注意的是,经济较为发达的北京地区旅游业发展增长幅度较小,与其较为完善的旅游基础条件和较高的公共服务水平不吻合,造成这种现象的原因可能是由于北京市各行业综合发展水平较高,在旅游行业的注意力分配相对较少,使其旅游行业发展相对缓慢。而宁夏回族自治区和青海省可能是由于其经济、交通、区位、公共服务等条件的限制,使得旅游行业发展处于小幅度增长阶段(见图7-3)。

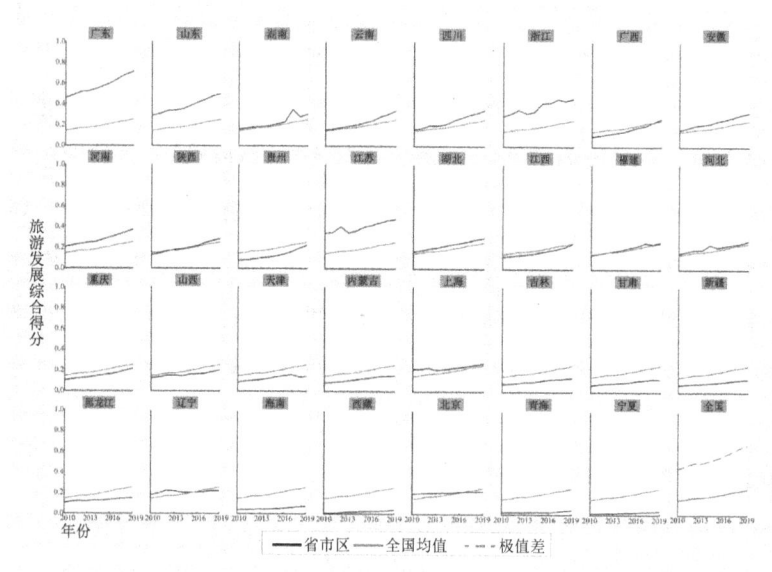

图7-3 2010—2019年全国旅游业发展水平综合得分

注:图中各省份按照旅游业发展水平的增长幅度大小进行排列

空间维度上,全国旅游产业的发展差异化较为显著,总体表现出"东高西低"的分布格局,并且差异化程度随时间变化呈波动上升的态势。省域层面上,旅游发展水平高于全国均值的省份主要包括北京、河北、辽宁、上海、江苏、浙江、安徽、福建、山东、河南、湖北、湖南、广东、四川、云南、陕西等,多集中在我国东部地区。低于全国平均水平的省份主要包括天津、山西、内蒙古、吉林、黑龙江、江西、广西、海南、重庆、贵州、甘肃、青海、宁夏、西藏、新疆等,多在我国中部和西部地区。呈现出较大空间差异性的原因，主要有以下方面：一是东部地区较西部地区经济发达，在旅游基础设施建设、技术应用、专业人才支持等方面具有一定的优势；二是我国东部地区国际化水平和对外开放程度较高，能够吸引较多的国际游客；三是西部地区因区位、地形条件限制了交通运输产业发展，区域内旅游景区的可进入性较低，在一定程度上降低了旅游资源的竞争力和吸引力，致使其旅游产业发展相对滞后。但值得注意的是，四川和云南两省由于较为优越的资源禀赋，以及地方政府对发展旅游业的高度重视和持续投入，旅游发展水平一直处于全国较为领先的位置。

此外，研究期内，全国旅游发展综合评分的极值差由 0.4509 上升至 0.6772，发展不平衡现象有所加剧。其中，2010 年，广东省综合评分为 0.4590，高于末位（西藏，0.0082）0.4508；2015 年和 2019 年，旅游发展相对滞后的是宁夏回族自治区，旅游综合评分分别为 0.0239 和 0.0347，与发展得分最高的广东分别相差 0.5486 和 0.6772。这说明中国旅游业发展水平的地区间差异较大，且这种差异性随着时间的推移在不断扩大。

7.3.3 粮食生产效率与旅游发展水平耦合协调性的时空演变

1. 耦合协调关系时序变化特征

全国各省份粮食生产效率与旅游发展的耦合协调关系，如图 7-4、图 7-5 所示。可以发现，中国粮食生产效率与旅游产业发展耦合协调程度在研究期内随着时间演化逐步提升，耦合协调关系经历了从"初级耦合协调"到"中级耦合协调"的转变，总体发展态势良好。

粮食生产效率与旅游业发展的耦合度 2010 年、2015 年、2019 年分别为 0.6545、0.7294、0.7828，长期保持稳中有进的发展态势，说明两者间的相互依赖程度不断加深。同时，研究期内二者的耦合协调水平也有一定的提升。2010—2019 年耦合协调状态从初级耦合协调水平（0.5636）发展到中级耦合协调水平（0.6952），涨幅达到 16.96%，表明中国粮食生产效率与旅游发展的耦合协同效应不断趋于有序发展。进一步根据协调度所处的水平，可将其大致分为两个阶段：

（1）初级耦合协调阶段（2010—2014 年），粮食生产效率与旅游产业发展的协调性较低。此阶段粮食生产处于历史转型期，旅游产业发展则处于快速扩张阶段，尽管第一产业和第三产业的融合发展在《全国休闲农业发展"十二五"规划》等多项国家政策法规中被提及，以及农业部和原国家旅游局初步决定在全国培育 100 个全国休闲农业与乡村旅游示范县和 300 个全国休闲农业示范点，但是一、三产业的深度融合和均衡发展仍有较大空间。同时，大众对粮食产业发展和旅游资源开发互动关系的认识程度也较显不足，未能很好地平衡耕地保护和旅游用地开发、农户旅游参与和农业生产时间之间的竞争关系，这在一定程度上导致粮食生产效率与旅游产业发展的耦合协调水平较低。

（2）中级耦合协调阶段（2015—2019年），粮食生产效率与旅游产业发展的协调性不断提升。这主要是由于我国居民消费结构的升级和国家对粮食生产和旅游发展的重视与宏观指导。一方面，中国经济发展转型升级步伐的加快和人民消费需求的日益丰富，对粮食生产和旅游业的多元化、精细化、品质化发展提出了更高要求。这在一定程度上推动了全国乡村旅游产业的提质升级，为中国探索农业与旅游业融合发展的战略路径奠定了良好基础。另一方面，随着休闲农业和乡村旅游的有序开展，2015年，原国土资源部、住房和城乡建设部和原国家旅游局联合出台了《关于支持旅游业发展用地政策的意见》，对旅游用地的结构优化和保障体系进行了全面部署。同年，国务院办公厅印发了《关于推进农村一二三产业融合发展的指导意见》，进一步推动了农业与旅游、康养、文化等产业的融合发展。同时，原国家旅游局还下发了《关于开展"国家全域旅游示范区"创建工作的通知》，并在2016年公布了首批国家全域旅游示范区名单，为引领和促进旅游业持续健康发展起到了示范作用。国家各类相关政策的颁布实施以及旅游产业的成功实践不仅为耕地保护利用和粮食生产提供了重要保障，同时也推动了旅游业的持续、健康发展，进而使得两者（粮食生产效率与旅游产业发展）的耦合协调性也有了大幅提升。

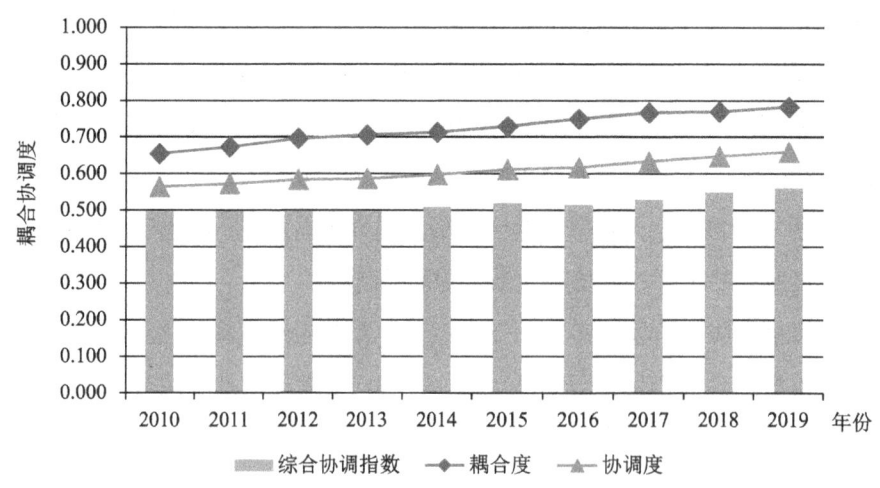

图 7-4 粮食生产效率与旅游发展的耦合度、协调度和综合协调指数

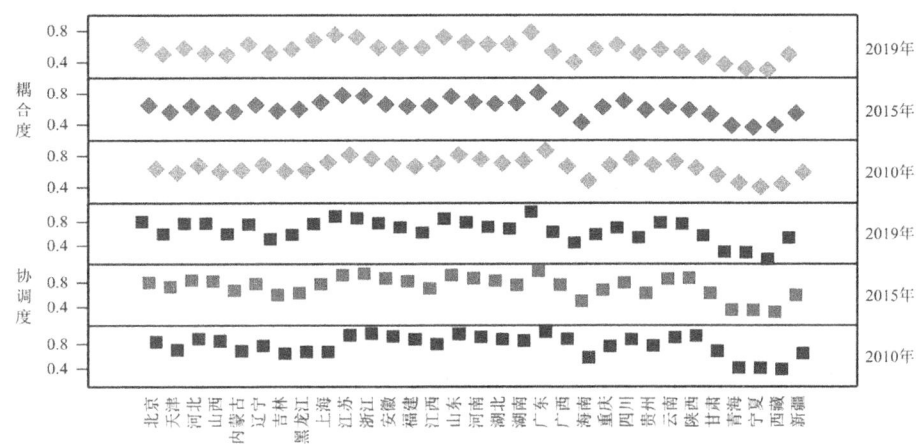

图 7-5　全国粮食生产效率与旅游发展的耦合度和协调度

2.耦合协调关系空间分异特征

根据各省份耦合度、协调度得分以及耦合协调度类型划分情况，可以发现，全国粮食生产效率与旅游发展没有出现失调衰退型（协调度 D＞0.2），耦合度和协调度具有显著的区域一致性。但是还可以发现，两者的耦合度和协调度在区域间存在较为明显的差异，东部地区耦合度和协调度均明显高于西部地区，研究期内区域间耦合度差异化程度有缩小趋势，但协调度长期以来未发生明显改善。

从耦合度的空间发展格局来看，以全国平均状态为参考可将各个省份的耦合度情况分为两个等级。其中，北京、河北、山西、辽宁、上海、江苏、浙江、安徽、福建、山东、河南、湖北、湖南、广东、广西、四川、云南、陕西 18 个省份属于优先等级，其耦合度数值高于全国平均水平。而浙江、江苏、山东和广东四个省份的耦合度值一直处于较高水平（C≥0.9），说明它们粮食生产和旅游发展系统的相互作用程度较深。同时，天津、内蒙古、吉林、黑龙江、江西、海南、重庆、贵州、甘肃、青海、宁夏、西藏、新疆 13 个省份的耦合度低于全国平均水平，粮食生产和旅游发展相互作用程度相对较低。此外，虽然全国粮食生产效率与旅游发展的耦合度依然呈较明显的不平衡现象，但是其极值差由 2010 年的 0.7825 下降至 2015 年的 0.6714，到 2019 年进一步降至 0.6106。这说明粮食生产效率与旅游发展的耦合度的空间差异化呈波动下降趋势，差异化逐渐缩小。

从耦合协调等级变化情况来看，多数省份的耦合协调程度呈上升趋势。其中，青海、宁夏和西藏三个省份耦合协调度起点较低，处于低级耦合协调阶段，但在研究期内逐步提升至初级耦合协调阶段。河北、山西、内蒙古、吉林、黑龙江、安徽、福建、江西、广西、重庆、贵州、云南、陕西等13个省份从初级耦合协调阶段升级为中级耦合协调阶段。此外，江苏省、山东省和广东省从中级耦合协调阶段转变为高级耦合协调阶段。其中，广东省一直是耦合协调度数值最高的地区，在2014年率先进入高级耦合协调发展阶段。除上述19个省份之外，其他12个省份在研究期内尽管耦合协调状态（等级）未发生明显变化，但其耦合协调数值均有不同幅度的上升。其中，北京、辽宁、上海、浙江、河南、湖北、湖南和四川在研究期间一直处于中级耦合协调阶段，天津、海南、甘肃和新疆则一直处于初级耦合协调阶段。

7.3.4 耦合协调度马尔科夫链分析

为进一步分析全国粮食生产效率和旅游产业发展耦合协调度状态随时间变化而发生转移的概率，本文在结合研究区域实际发展情况以及前文耦合类型划分方法的基础上，将耦合协调度按水平高低划分为低级耦合协调（Ⅰ）、初级耦合协调（Ⅱ）、中级耦合协调（Ⅲ）和高级耦合协调（Ⅳ）四种类型，以滞后一年的条件计算得到马尔科夫链概率转移矩阵（表7-5）。

表7-5 耦合协调类型的马尔可夫链概率转移矩阵

t/t+1	Ⅰ	Ⅱ	Ⅲ	Ⅳ
Ⅰ	0.8636	0.1364	0.0000	0.0000
Ⅱ	0.0000	0.8762	0.1238	0.0000
Ⅲ	0.0000	0.0000	0.9793	0.0207
Ⅳ	0.0000	0.0000	0.0000	1.0000

注：t表示"时间/年"；粗体数字表示处于对应耦合协调类型的主体（省份）在下一年保持该类型不变的概率；非粗体数字表示耦合协调类型向上转移或是向下转移的概率。

基于表7-5可以发现：（1）主对角线上的数值均明显高于非对角线上的数值，说明全国粮食生产效率与旅游产业发展耦合协调类型具有维持原状态的相对稳定性。同时，耦合协调类型有向高级耦合协调收敛的可能性，存在"俱乐部收敛"现象。具体来看，原处于Ⅰ类（低级耦合协调）、Ⅱ类（初级耦合协调）、Ⅲ类（中级耦合协调）和Ⅳ类（高级耦合协调）状态的省份，未来一年状态保持不变的概率分别为86.36%、87.62%、97.93%和100%。

（2）非对角线上的转移概率中，对角线左侧的数值（灰色底纹数据）均为0，说明耦合协调类型基本不会向下调整；而对角线右侧的数值不全为 0，说明全国粮食生产效率与旅游发展耦合协调度存在向上发展的趋势，其中处于低级耦合协调类型的区域发展潜力较大，向上转移的概率为 13.64%。因此，未来有必要不断推动处于低级耦合协调状态的省份向初级耦合协调状态转变。

（3）各耦合协调类型发生变动基本都在相邻状态（未发生跨级跃迁现象），与主对角线不相邻的非主对角线概率值均为 0，即由低级耦合协调类型向中级耦合协调或高级耦合协调类型转移的概率为 0。这说明中国各省份粮食生产效率与旅游产业发展耦合协调状态的转移基本循序了"渐进"的规律，尚难实现跨越式发展。

7.3.5 耦合协调关系驱动因子分析

在借鉴前人研究成果（王跃梅等，2013；伍国勇等，2019；贾垚焱等，2021；孙剑锋等，2019；赵磊等，2014）的基础上，综合考虑数据的可获取性以及全国粮食生产效率与旅游发展水平的耦合协调状况，本文选取以下 12 个指标作为耦合协调度变动的影响因素：(1) 经济驱动：区域经济发展水平 RED（地区 GDP）、城镇居民收入水平 DIU（城镇居民可支配收入）、农村居民收入水平 DIR（农村居民可支配收入）、城镇居民消费力 CEU（城镇居民消费性支出）、农村居民消费力 CER（农村居民消费性支出）；(2) 劳动力驱动：第一产业劳动力 EPI（第一产业从业人数）、第三产业劳动力 ETI（第三产业从业人数）；(3) 社会驱动：工业化水平 PSI（第二产业产值比例）、城镇化水平 URL（城镇化率）、公共服务水平 PSL（公共服务财政支出）、科研水平 RDE（R&D 经费支出）、交通发展水平 RND（路网密度）。

由表 7-6 可知，12 个影响因子中有 11 个通过了 0.01 水平的显著性检验。其中，解释力最大的分别是第三产业劳动力（0.818）和区域经济发展水平（0.794）。这主要是因为农业（粮食生产）和旅游产业都属于劳动密集型产业，劳动力资本能够在一定程度上带动两者高效发展以及耦合协调；而通过学者们的研究还可以发现，区域经济发展能够在很大程度上助推粮食生产效率的提升和旅游产业的发展（殷伟等，2020）。同时，解释力较高的还有公共服务水平（0.692）和科研水平（0.682）。一般来说，公共服务和科技发展是粮食生产和旅游产业发展的基本要素，较高的财政支出所带来的优质公共服务和科技支撑能够有效提升粮食生产和旅游产业发展，并在很大程度上对两者的协调发展产生重要影响。此外，从因子探测结果可以发现，城镇居民收入水平（0.277）、农村居民收入水平（0.409）、城镇居民消费力（0.162）、农村居民消费力（0.242）、第一产业劳动力（0.377）、城镇化水平（0.235）和交通发展水平（0.458）

对粮食生产效率和旅游发展的耦合协调也会产生一定影响。然而，从计算结果来看工业化水平（第二产业产值比重）并未对二者（粮食生产效率和旅游业发展水平）的耦合协调度产生显著影响。这可能是由于工业化发展虽然在一定程度上会影响粮食生产和旅游产业发展，但随着农业技术的普及与应用、旅游业与一、二产业的融合发展、生产要素投入比例的持续优化，使得粮食生产和旅游产业长期保持高效增长。故而，工业化水平并未对粮食生产效率与旅游业发展水平的耦合协调关系产生显著影响。

表 7-6 耦合协调度的因子探测结果

	RED	DIU	DIR	CEU	CER	EPI	ETI	PSI	URL	PSL	RDE	RND
q	0.794	0.277	0.409	0.162	0.242	0.377	0.818	0.044	0.235	0.692	0.682	0.458
p	0.000	0.000	0.000	0.000	0.000	0.000	0.000	0.050	0.000	0.000	0.000	0.000

由因子交互作用探测结果（表 7-7）可知，各因子之间的交互作用为双因子增强和非线性增强关系，并且两两因子相互作用的解释力均大于单因子对耦合协调度的解释力。这说明粮食生产效率和旅游业发展水平的耦合协调关系是受多因素共同作用的结果。其中，经济发展水平和第三产业劳动力与其他因子的交互作用最强（$q > 0.8$）。同时，交互结果进一步验证了区域经济发展水平和第三产业劳动力是影响粮食生产效率和旅游发展水平耦合协调关系的主要驱动力，并在此基础上与其他经济驱动要素、社会驱动要素相互作用共同影响二者（粮食生产效率和旅游业发展水平）耦合协调关系的发展演化。

表 7-7 耦合协调度的因子交互作用探测结果

	RED	DIU	DIR	CEU	CER	EPI	ETI	URL	PSL	RDE
DIU	0.829^{EB}									
DIR	0.822^{EB}	0.476^{EB}								
CEU	0.822^{EB}	0.333^{EB}	0.454^{EB}							
CER	0.829^{EB}	0.355^{EB}	0.456^{EB}	0.291^{EB}						
EPI	0.880^{EB}	0.866^{EN}	0.876^{EN}	0.819^{EN}	0.839^{EN}					
ETI	0.868^{EB}	0.875^{EB}	0.872^{EB}	0.870^{EB}	0.860^{EB}	0.878^{EB}				
URL	0.815^{EB}	0.451^{EB}	0.524^{EB}	0.350^{EB}	0.351^{EB}	0.822^{EN}	0.865^{EB}			
PSL	0.857^{EB}	0.827^{EB}	0.854^{EB}	0.625^{EB}	0.827^{EB}	0.732^{EB}	0.834^{EB}	0.845^{EB}		

续表

	RED	DIU	DIR	CEU	CER	EPI	ETI	URL	PSL	RDE
RDE	0.825^{EB}	0.747^{EB}	0.765^{EB}	0.741^{EB}	0.757^{EB}	0.895^{EB}	0.878^{EB}	0.788^{EB}	0.870^{EB}	
RND	0.826^{EB}	0.520^{EB}	0.602^{EB}	0.507^{EB}	0.560^{EB}	0.797^{EB}	0.861^{EB}	0.687^{EB}	0.842^{EB}	0.722^{EB}

注：EB 表示双因子增强，EN 表示非线性增强。

7.4 结论与讨论

7.4.1 结论

（1）中国粮食生产效率和旅游产业发展水平均呈现波动上升的态势，但目前部分省份的生产效率/发展水平仍有待提高。同时，地区间存在着较为明显的不均衡现象。具体来看，粮食生产效率方面，形成了由东北向西南"高—低—高"分布的空间格局，而省际差异化程度随时间演化呈缩小趋势；旅游业发展水平方面，则表现为"东高西低"的分布格局，且发展的空间差异性呈逐年增大的趋势。

（2）全国粮食生产效率与旅游业发展水平总体上表现为较高的耦合相关。从时间维度来看，耦合度长期保持稳中有进的发展态势，耦合协调关系经历了"初级耦合协调—中级耦合协调"的转变。从空间层面来看，耦合度和协调度具有显著的区域一致性，但区域间存在一定差异，呈现"东高西低"的分异特征。耦合度的空间差异化程度随时间演化有缩小趋势，但协调度长期以来未发生明显变化。

（3）中国粮食生产效率和旅游业发展水平的耦合协调状态具有较高的稳定性特征，并存在"俱乐部收敛"现象。同时，二者耦合协调状态具有向更高层次转移的可能性，其中处于Ⅰ类（低级耦合协调）类型的区域向上过渡的概率最大。此外，研究期内全国粮食生产效率与旅游发展的耦合协调状态演进基本循序了"渐进"的规律，短期内难以实现耦合协调类型的跃迁。

（4）粮食生产效率和旅游业发展水平耦合协调关系是经济驱动、劳动驱动和社会驱动的综合作用结果。其中，区域经济发展水平（GDP）、第三产业劳动力（从业人数）是影响二者耦合协调度的主要驱动因子。同时，经济驱动、劳动驱动和社会驱动中的各因子之间存在双因子增强和非线性增强的交互作用关系，共同作用于粮食生产效率和旅游业发展水平耦合协调的发展演化。

7.4.2 讨论

粮食生产与旅游发展事关国家安全和人民福祉，两者的耦合协调发展至关重要。本文的学术价值主要体现在以下两个方面：（1）本文对中国粮食生产效率与旅游发展耦合协调机制及时空分异特征进行了探索性研究，能够在一定程度上丰富农业地理、粮食生产与旅游地理等领域的相关研究，有助于进一步加深对粮食生产与旅游产业发展之间有机关系的认识；（2）本文的研究结果不仅对各省市粮食生产规模、资源配置、旅游目的地规划与开发具有一定的参考价值，而且能够为国家及相关部门的耕地保护、粮食安全及旅游高质量发展等宏观政策的制定提供理论支撑和实践参考。

当前，中国粮食生产和旅游发展的耦合协调水平存在一定的提升空间，且呈现出较为明显的空间异质性。为促进两者的耦合协调关系和缩小地区发展差距，根据前述研究结果并结合国家粮食安全战略和旅游业高质量发展要求，本文提出以下发展建议：（1）加大农业生产和旅游产业发展的公共服务及科技研发投入，优化公共服务供给，加强科技普及应用，切实提升粮食生产和旅游产业发展效率。（2）综合考虑地区发展差异，依据资源禀赋、特色产业优势、城镇化水平、区域经济条件等，因地制宜制定差异化的农业和旅游业发展战略，强化地区发展优势，缩小区域差距，实现区域间产业协调发展。（3）统筹区域产业发展布局，深入推进农业和旅游业的交叉融合，着力构建新型产业体系，促进粮食生产和旅游产业高质量协调发展。

粮食生产和旅游业是两个联系紧密的综合型产业，本文在充分参考已有研究成果的基础上，构建了粮食生产效率和旅游业发展水平的评价指标体系，并采用全国大样本数据进行了历时性实证分析，但由于粮食生产和旅游业发展的耦合协调水平存在空间分异性，未来有必要引入市域或县域尺度数据对其进行更为微观的综合分析，以为国家及各级地方政府因地制宜制定相关政策提供翔实参考。同时，粮食生产效率和旅游业发展水平间的耦合协调关系是受内外部多种因素共同作用的结果，因此在本文的基础上引入更为多元化的社会、经济、环境、技术等方面的因素对其影响机制进行综合分析，也是今后值得关注的重要课题。

第 8 章 粮食安全视域下旅游业可持续发展

8.1 研究问题提出

粮食安全事关人类福祉，是旅游业可持续发展的根本保障。为了有效解决社会、经济和环境 3 个维度的发展问题，2015 年，联合国所有会员国一致通过了 17 个可持续发展目标（Sustainable Development Goals，SDGs）。其中，目标 2 是"消除饥饿，实现粮食安全，改善营养状况和促进可持续农业"，旨在推动"以人为本"的农村发展和环境保护，促进农业粮食体系转型，增强农村社区生计，消除饥饿和贫困等。这些目标为解决全球治理情景下粮食安全与旅游业的可持续发展问题提供了根本遵循。然而，当前全球性的温饱与贫困、食物浪费、耕地滥用、食品安全等问题严重威胁着粮食安全和旅游业的可持续发展。如何增强粮食安全意识、平衡旅游发展与耕地保护之间的关系、推动旅游全产业链节粮等，已成为全球旅游业可持续发展的重大议题。因此，本研究立足 SDGs 框架，对粮食安全和旅游业的关系进行剖析，并据此提出旅游业可持续发展的粮食安全目标和战略路径，期望能够为解决日益严峻的社会、经济和环境发展问题提供旅游方案。

8.2 粮食安全：旅游业可持续发展的基石

粮食安全是人类生存和发展的基础。1974 年，联合国粮农组织（Food and Agriculture Organization of the United Nations，FAO）指出，粮食安全是"在保障人类生存和健康的前提下提供充足食品的一种基本生活权利"。尽管后来粮食安全的内涵和外延不断发生变化，但是可持续发展始终都是粮食安全的核心理念。与此同时，粮食安全也成为人类可持续发展的重要组成部分，广泛涉及资源、环境、土地、经济等领域。旅游业作为民生福祉产业，其可持续发展不仅受到"粮食"的影响，同时也成为践行粮食安全和可持续发展理念的关键产业之一。基于 SDGs 框架，可以进一步发现，粮食安全既是旅游业可持续发展的重要基石，又为旅游业可持续发展指明了方向。

一方面，粮食安全是旅游业可持续发展的物质基础。民以食为天，粮食是人类进行所有活动的必备物质，同时也是旅游产业得以发展的重要保障。首先，旅游业是一个基于人的流动和服务于人的产业，对粮食的需求量巨大。只有维持好粮食生产和供应的稳定，才能保障旅游业的基本发展和持续运行。其次，稳定的粮食生产和供给还有利于解决贫困地区居民的温饱问题，从而推动全球减贫事业的发展和人类福祉的提升。这也在一定程度上为世界各国旅游业的持续健康发展奠定了良好的社会基础。最后，环境保护和绿色农业是粮食安全的重要核心。它们不仅为旅游产业的饮食消费提供了高质量的粮食供给，同时也为观光休闲农业、乡村旅游等业态的发展创造了良好的自然生态环境，甚至在许多时候还会成为一种独特的旅游吸引物。因此，粮食安全不仅是旅游业可持续发展的题中之义，更是全球旅游业高质量发展的物质基础和根本保障。

另一方面，粮食安全是旅游产业品质提升的关键所在。品质安全是粮食安全的重要内容。品质安全的粮食（食品安全）不仅能够最大限度地维持身体的营养所需，同时还能不断满足人们追求美好、幸福生活的需要。因此，从这个角度来讲，粮食安全既是旅游业可持续发展的最低标准，也是最高标准。具体来看，粮食（食品）品质安全是旅游服务品质的根本要求。保障食品安全能够提升旅游全产业链的安全水平，提高旅游服务品质，推动旅游业高质量发展。同时，随着人们对饮食品质和美好生活的日渐向往，游客对饮食的内涵、形式、美感等的追求越来越高。高品质的食物更能满足游客的精神需求，并成为他们选择旅游目的地的重要决定性因素。食物不再是解决人类生存的简单物质条件，而已成为一种精神性的文化载体。毫无疑问，粮食安全既能推动旅游业满足游客的基本物质需求，也能成为旅游业提升服务品质的精神文化动力，深刻影响着旅游业可持续发展的方向。

8.3 旅游业可持续发展的粮食安全目标

1. 耕地保护

耕地保护事关粮食安全。近年来，随着旅游业的不断发展，旅游建设用地需求量持续增加，世界范围内陆续出现了旅游项目建设非法占用土地、破坏耕地的情况，导致耕地性质变更或数量减少、生态污染等问题，严重威胁着粮食安全供给。在此背景下，如何平衡产业发展和耕地保护之间的关系，成为全球旅游业可持续发展的重要课题。未来，在旅游产业发展过程中，应该牢固树立耕地保护意识，严格审批旅游建设用地，严守耕地和永久基本农田保护红线，守住耕地数量，稳定耕地质量。同时，通过合理规划旅游用地和建设项目，优化旅游产业布局，提高土地利用效率，促进旅游发展与耕地保护的高效平衡。

2. 粮食节约

节约粮食是 SDGs 框架中目标 2 的核心内容，同时也是旅游业可持续发展的核心之一。然而，目前粮食浪费现象愈发严重，并贯穿于粮食产业链的各个环节。由食物浪费导致的粮食安全问题日益凸显，也已成为我国乃至全球可持续发展的关键议题。与此同时，作为食物消费的重要领域，旅游产业涉及面广、参与人员众多，每年产生的粮食浪费量巨大，成为有待治理的重灾区。因此，有必要将节约粮食作为旅游业可持续发展的核心目标加以重点关注，并制订切实可行的节粮方案，以降低粮食耗损，促进粮食资源节约，减少粮食生产压力。

3. 食品安全

食品安全是旅游业可持续发展的生命线。随着社会经济的发展和人们消费观念的变化，游客对食品品质的要求越来越高。近年来，游客购买健康美食产品的成交规模和速度急剧上升，健康饮食已成为旅游的新风尚。高品质的美食更是成为青年消费者选择旅游目的地的关键因素之一。然而，由于安全意识缺乏、监管不到位等原因，导致目前旅游领域的食品安全问题尤为突出，不仅损害了目的地的旅游形象，同时也严重威胁着游客的身心健康。因此，为了进一步推进旅游业的持续健康发展，有必要建立健全旅游食品安全质量保障体系，强化食品生产、加工和销售各环节的监督管理，确保游客的旅游饮食安全。

4. 居民温饱

解决居民温饱问题是旅游业可持续发展的重要使命。当前，在全世界范围内受贫困和饥饿问题影响的人口仍占相当比例。温饱问题成为限制部分发展中国家（地区）可持续发展的重要因素。旅游业作为民生产业，能够为目的地社区居民提供就业机会、带动村民增收致富、推动区域经济发展。这无形中提高了居民生产和购买粮食的能力，拓宽了人们对于粮食的获取途径，进而推动解决当地居民的温饱问题。但不容忽视的是，旅游产业的发展有时也会带来因旅致贫（Tourism Development-Induced Poverty）、贫富差距加大等新的贫困问题，从而威胁着地区贫困和温饱问题的解决，甚至损害人们获取更高品质饮食需求的机会。因此，在因地制宜推进地区旅游产业发展的同时，有必要确保更广泛的人群参与到旅游发展之中，使其成为旅游发展成果的受益者和享用者,推动实现区域社会经济全面可持续发展。

8.4 旅游业可持续发展的粮食安全路径

1. 牢固树立粮食安全意识

旅游业可持续发展需要全社会的共同努力,只有时刻牢记粮食安全意识,将保障粮食安全作为旅游产业发展的基本准则,才能实现旅游业的高质量发展。首先,应强化各利益相关主体对粮食安全重要性的认识,重视耕地保护、食品安全、节约粮食、解决居民温饱等问题,使粮食安全成为旅游业可持续发展的根本遵循。其次,充分运用法律、行政、经济等手段,强化监督监管,有效提升旅游产业践行粮食安全理念的效果。最后,利用各大媒体加强粮食安全宣传教育引导,提高各主体的粮食安全意识,在全产业范围内弘扬勤俭节约的精神,杜绝旅游链上的浪费之风,确保旅游业可持续发展。

2. 积极完善体制机制建设

为了进一步推动旅游业的可持续发展,有必要加快完善基于粮食安全视角的体制机制建设,并全面推进构建高水平粮食安全保障体系。首先,针对旅游产业中粮食安全战略的特点,颁布实施粮食安全与旅游可持续发展相关的专门性政策法规,深化依法管粮治粮,有效解决实践中的现实问题,并切实提升应对粮食安全突发事件的应急处置能力。其次,设立专门的监督管理机构,落实主体责任,细化部门分工,并进一步健全粮食安全和旅游业可持续发展的监管体系,提高旅游综合治理能力。最后,搭建沟通协作平台,积极引导社会各界力量参与到粮食安全问题的治理之中,多渠道、全方位赋能旅游业可持续发展。

3. 全面提升粮食质量安全

粮食质量安全主要包括食品安全和营养安全两个方面。随着全球粮食产量的明显增加和部分地区温饱问题的逐步解决,长期隐藏的粮食质量问题日益受到关注。为了保障旅游业的可持续发展,并有效提升粮食质量安全,有必要构建完善的粮食质量安全监管体系,切实提升旅游业的粮食质量安全治理能力。首先,强化政策支撑,鼓励发展绿色有机种养产业,提升旅游食品安全和营养安全的供给能力。其次,立足旅游业和农业生产的特点,完善粮食质量安全标准体系建设,推进标准化生产,规范粮食市场供给,提升旅游餐饮食品质量安全水平。再次,建立健全旅游餐饮企业全程监管和追溯体系,强化粮食生产、储存、运输、加工、消费等各环节的风险监测,确保旅游产业中粮食全链条的质量安全。

4. 创新旅游产业节粮模式

通过构建旅游全产业链节粮的创新机制，杜绝旅游全过程的粮食浪费现象。一方面，在供给阶段，利用大数据、云计算、人工智能等科技手段，做好游客需求预测和库存管理；同时，采用多样化的餐食购买和消费手段，为不同类型游客提供个性化的餐饮用量，减少食物浪费。另一方面，在消费阶段，从源头上增加经营主体和服务人员与游客的沟通联系，倡导游客理性消费食物；从末端上采取循环利用方法，进行食物捐赠、饲料化、肥料化和不同优先层级工业用途的开发使用，做到末端处理的低碳化和再生化。总的来看，从供给端和消费端进行食物的监控管理，建立更加稳定、绿色、可持续的旅游食物生产观和消费观，不仅能够有效提升食物节约利用的效果，而且也有利于高效推进旅游业的可持续发展。

粮食安全是旅游业可持续发展的根本保障，关系着全人类的永续发展和前途命运。在全球粮食危机持续加深的背景下，应充分认识到粮食安全对旅游业可持续发展的重要意义，并从理念深化、机制建设、模式优化等视角出发，探索粮食安全视域下旅游业可持续发展的实践路径，为全人类以综合方式彻底解决社会、经济和环境3个维度的可持续发展问题贡献"旅游"智慧。

参考文献

[1] Abate M C, Kuang Y P. The impact of the supply of farmland, level of agricultural mechanization, and supply of rural labour on grain yields in China [J]. Studies in Agricultural Economics, 2021, 123 (1): 33-42.

[2] Ahmad S, Ullah I, Mehmood F, et al. A Stochastic approach towards travel route optimization and recommendation based on users constraints using Markov chain [J]. Ieee Access, 2019 (7): 90760-90766.

[3] Akamal J. Western environmental values and nature: Based tourism in Kenya [J]. Tourism Management, 1996, 17 (8): 567-574.

[4] Andereck K L, Valentine K M, Knopf R C, et al. Residents' perceptions of community tourism impacts [J]. Annals of Tourism Research, 2005, 32 (4): 1056-1076.

[5] Bahrami H, Taki M, Monjezi N. Optimization of energy consumption for wheat production in Iran using data envelopment analysis (DEA) technique [J]. African Journal of Agricultural Research, 2011, 6 (27): 5978-5986.

[6] Belisle F J. Tourism and food production in the Caribbean [J]. Annals of Tourism Research, 1983, 10 (4): 497-513.

[7] Berkel D B V, Verburg P H. Sensitising rural policy: Assessing spatial variation in rural development options for Europe [J]. Land Use Policy, 2011, 28 (3): 447-459.

[8] Blancas F J, Lozano O M M, Gonzalez, et al. How to use sustainability indicators for tourism planning: The case of rural tourism in Andalusia (Spain) [J]. Science of the Total Environment, 2011 (412-413): 28-45.

[9] Boley B B, Ayscue E, Maruyama N, et al. Gender and empowerment: Assessing discrepancies using the resident empowerment through tourism scale [J]. Journal of Sustainable Tourism, 2017, 25 (1): 113-129.

[10] BOTT S, CANTRILL J G, MYERS O E. Place and promise of conservatory psychology [J]. Human Ecology Review, 2003, 10(2): 100–112.

[11] BREAKWELL D G M. Risk: Social psychological perspectives [M] //J. D. Wright. International Encyclopedia of the Social & Behavioral Sciences, New York: Elsevier, 2015: 711-716.

[12] BREAKWELL G M. Coping with Threatened Identities [M]. New York: Psychology Press, 2015: 11-20.

[13] Briedenhann J, Wiken E. Tourism routes as a tool for the economic development of rural areas - vibrant hope or impossible dream? [J]. Tourism Management, 2004, 25(1): 71-79.

[14] Butler G. Fostering community empowerment and capacity building through tourism: Perspectives from Dullstroom, South Africa [J]. Journal of Tourism & Cultural Change, 2017, 15(3): 199-212.

[15] Byrd E T, Bosley H E, DRONBERGER M G. Comparisons of stakeholder perceptions of tourism impacts in rural eastern North Carolina [J]. Tourism Management, 2009, 30(5): 693-703.

[16] CANOVI M, MORDUE T, LYON A. The impact of wine tourism involvement on winery owners' identity processes [J]. Tourism Planning & Development, 2020, 17(5): 573-590.

[17] Carlisle S, Kunc M, Jones E, et al. Supporting innovation for tourism development through multi-stakeholder approaches: Experiences from Africa [J]. Tourism Management, 2013(35): 59-69.

[18] CHARNES A, COOPER W W, RHODES E. Measuring the efficiency of decision making units [J]. European Journal of Operational Research, 1978, 2(6): 429-444.

[19] CHEN S, WANG S, XU H. Influence of place identity on residents' attitudes to dark tourism [J]. Journal of China Tourism Research, 2017, 13(4): 338-356.

[20] CHEN Z, LI L, LI T. The organizational evolution, systematic construction and empowerment of Langde Miao's community tourism [J]. Tourism Management, 2017(58): 276-285.

[21] Chen Z Y, Li L J, Li T Y. The organizational evolution, systematic construction and empowerment significance of Langde Miao's community tourism [J]. Tourism Management, 2016, 58(6): 75-86.

[22] CHI G Q, CAI R, LI Y. Factors influencing residents' subjective well-being at World Heritage Sites [J]. Tourism Management, 2017(63): 209-222.

[23] CHOK S, MACBETH J, WARREN C. Tourism as a tool for poverty alleviation: A critical analysis of "pro-poor tourism" and implications for sustainability [J]. Current Issues in Tourism, 2007, 10(2/3): 144-165.

[24] Cole, Stroma. Information and Empowerment: The Keys to Achieving Sustainable Tourism [J]. Journal of Sustainable Tourism, 2006, 14(6): 629-644.

[25] COTTRELL S P, VASKE J J, ROEMER J M. Resident satisfaction with sustainable tourism: The case of Frankenwald Nature Park, Germany [J]. Tourism Management Perspectives, 2013(8): 42-48.

[26] DLUZEWSKA A M. Well-being versus sustainable development in tourism-The host perspective [J]. Sustainable Development, 2019, 27(3): 512-522.

[27] Doran, Adele. Empowerment and women in adventure tourism: a negotiated journey [J]. Journal of Sport & Tourism, 2016, 20(1): 57-80.

[28] ERFAN V, GAZUDA S, VOLOSHCHUK N. Natural resources potential for regional spatial economic system development [J]. Financial and Credit Activity-Problems of Theory and Practice, 2018, 1(24): 434-442.

[29] Everett S, Aitchison C. The role of food tourism in sustaining regional identity: a case study of Cornwall, South West England [J]. Journal of Sustainable Tourism, 2008, 16(2): 150-167.

[30] EYLES J. The Geography of Everyday Life [A] //GREGORY D, WALFORD R. Horizons in Human Geography [M]. London: Macmillan, 1989: 102-117.

[31] Farsani N T, Coelho C, Costa C. Geotourism and geoparks as novel strategies for socio-economic development in rural areas [J]. International Journal of Tourism Research, 2011, 13(1): 68-81.

[32] Foley C, Grabowski S, Small J, et al. Women of the Kokoda: From Poverty to Empowerment in Sustainable Tourism Development [J]. Tourism Culture &

Communication, 2018, 18 (1): 21-34.

[33] Frochot I. A benefit segmentation of tourists in rural areas: a Scottish perspective [J]. Tourism Management, 2005, 26 (3): 335-346.

[34] Gannon A. Rural tourism as a factor in rural community economic development for economies in transition [J]. Journal of Sustainable Tourism, 1994, 2 (1-2): 51-60.

[35] Garrod B, Wormell R, Youell R. Re-conceptualising rural resources as countryside capital: The case of rural tourism [J]. Journal of Rural Studies, 2006, 22 (1): 117-128.

[36] Gill A C, Barbieri C, Rozier R S. Defining agritourism: A comparative study of stakeholders' perceptions in Missouri and North Carolina [J]. Tourism Management, 2013 (37): 39-47.

[37] GREGORY D, JOHNSTON R, PRATT G, WATTS J, WHATMORE S. The Dictionary of Human Geography (5th) [M]. West Sussex (UK): Wiley-Blackwell, 2009: 539.

[38] Hall D, Kirpatrick I, Mitchell M. Rural tourism and sustainable business [M]. Tonawanda, NY: Channel View Publications, 2005.

[39] HARALAMBOPOULOS N, PIZAM A. Perceived impacts of tourism: The case of Samos [J]. Annals of Tourism Research, 1996, 23 (3): 503-526.

[40] HARNER J. Place identity and copper mining in Senora, Mexico [J]. Annals of the Association of American Geographers, 2001, 91 (4): 660-680.

[41] HARVEY D. The Condition of Postmodernity [M]. Oxford: Brasil Blackwell, 1989: 260-283.

[42] HENDERSON J C. Food tourism reviewed [J]. British Food Journal, 2009, 111 (4): 317-326.

[43] Henderson J. Ethnic Heritage as a Tourist Attraction: The Peranakans of Singapore [J]. International Journal of Heritage Studies, 2003, 9 (1): 27-44.

[44] HERMANS D. The encounter of agriculture and tourism a Catalan case [J]. Annals of Tourism Research, 1981, 8 (3): 462-479.

[45] Hjalager A M. Agricultural diversification into tourism: Evidence of a European

Community development programme [J]. Tourism Management, 1996, 17 (2): 103-111.

[46] HORNG J, LIU C, CHOU H, et al. Understanding the impact of culinary brand equity and destination familiarity on travel intentions [J]. Tourism Management, 2012, 33 (4): 815-824.

[47] Ioannides D. A flawed implementation of sustainable tourism: the experience of Akamas, Cyprus [J]. Tourism Management, 1995, 16 (8): 583-592.

[48] Jacinthe B. Local development and heritage: traditional food and cuisine as tourist attractions in rural areas [J]. Sociologia Ruralis, 1998, 38 (1): 21-34.

[49] JACKSON M S, INBAKARAN R J. Evaluating residents' attitudes and intentions to act toward tourism development in regional Victoria, Australia [J]. International Journal of Tourism Research, 2006, 8 (5): 355-366.

[50] JASPAL R, CINNIRELLA M. The construction of ethnic identity: Insights from identity process theory [J]. Ethnicities, 2012, 12 (5), 503-530.

[51] JIAO X Q, HE G, CUI Z L, et al. Agri-environment policy for grain production in China: Toward sustainable intensification [J]. China Agricultural Economic Review, 2018, 10 (1): 78-92.

[52] Johnson J D, Snepenger D J, Akis S. Residents' perceptions of tourism development [J]. Annals of Tourism Research, 1994, 21 (3): 629-642.

[53] JÖNSSON C. Understanding the dimensions of pro-poor tourism [J]. Tourism Geographies, 2012, 14 (2): 356-358.

[54] JUROWSKI C, UYSAL M, WILLIAMS R. A theoretical analysis of host community resident reactions to tourism [J]. Journal of Travel Research, 1997, 36 (2): 3-11.

[55] Kadi A J, Jaafar M, Hassan F, et al. Review of literature of the rural heritage tourism destination [J]. SHS Web of Conferences, 2014 (12): 01008. Doi: 10.1051/shsconf/20141201008.

[56] Kajanus M, Kangas J, Kurttila M. The use of value focused thinking and the A WOT hybrid method in tourism management [J]. Tourism Management, 2004, 25 (4): 499-506.

［57］KALFOSS M H, LOW G, HALVORSRUD L. Identity processes among older Norwegians living in urban and rural areas［J］. Western Journal of Nursing Research, 2018, 40（5）: 701-724. 2020, 21（5）: 73-84. 153.

［58］KERSTETTER D, BRICKER K. Exploring Fijian's sense of place after exposure to tourism development［J］. Journal of Sustainable Tourism, 2009, 17（6）: 691-708.

［59］KIM K, UYSAL M, SIRGY M J. How does tourism in a community impact the quality of life of community residents?［J］. Tourism Management, 2013, 36（3）: 527-540.

［60］King D A, Stewart W P. Ecotourism and commodification: protecting people and places［J］. Biodiversity & Conservation, 1996, 5（3）: 293-305.

［61］Konu H, Laukkanen T, Komppula R. Using ski destination choice criteria to segment Finnish ski resort customers［J］. Tourism Management, 2011, 32（5）: 1096-1105.

［62］KUVAN Y, AKAN P. Residents' attitudes toward general and forestrelated impacts of tourism: The case of Belek, Antalya［J］. Tourism Management, 2005, 26（5）: 691-706.

［63］LAI P H, NEPAL S K. Local perspectives of ecotourism development in Tawushan Nature Reserve, Taiwan［J］. Tourism Management, 2006, 27（6）: 1117-1129.

［64］LEE S L. Urban conservation policy and the preservation of historical and cultural heritage: The case of Singapore［J］. Cities, 1996, 13（6）: 399-409.

［65］Li B, Mi Z, Zhang Z. Willingness of the new generation of farmers to participate in rural tourism: The role of perceived impacts and sense of place［J］. Sustainability, 2020（12）: 766. Doi: 10.3390/su12030766.

［66］Li M, Cai L A, Lehto X Y, et al. A missing link in understanding revisit intention-the role of motivation and image［J］. Journal of Travel & Tourism Marketing, 2010, 27（4）: 335-348.

［67］LIN W P, LI Y, LI X D, et al. The dynamic analysis and evaluation on tourist ecological footprint of city: Take Shanghai as an instance［J］. Sustainable Cities and

Society, 2018 (37): 541-549.

[68] LI Q, XIAO C C, LIU H F, et al. Research on the effect of tourism impact perception on the subjective well-being of community residents [C] // Proceedings of 4th International Conference on Humanities Science and Society Development (ICHSSD 2019) (Advances in Social Science, Education and Humanities Research, Vol. 328). Xiamen, 2019: 330-333.

[69] Liu Q, Liu X. Development strategies for rural tourism in mountainous areas under the background of rural revitalization: Taking Xujia village, Meiling town, Nanchang city as an example [J]. Asian Agricultural Research, 2020, 12 (11): 46-48.

[70] Li X, Wang Y. Influence of social capital on rural tourism development [J]. Asian Agricultural Research, 2020, 12 (11): 41-45.

[71] Li Y, David WK, Luo W, Hu J. Elite circulation in Chinese ethnic tourism [J]. Annals of Tourism Research, 2020 (85).

[72] Li Y P. Ethnic tourism. A Canadian experience [J]. Annals of Tourism Research, 2000, 27 (1): 115-131.

[73] LOW G, ROSS C, STICKLAND M, WILSON D, WONG E. Perspectives of aging among persons living with chronic obstructive pulmonary disease [J]. Western Journal of Nursing Research, 2013, 35 (7), 884-904.

[74] Maccannell D. Empty meeting grounds: The tourist papers [M]. London: Routledge, 1992.

[75] Macdonald R, Jolliffe L. Cultural rural tourism: Evidence from Canada [J]. Annals of Tourism Research, 2003, 30 (2): 307-322.

[76] MAK A H N, LUMBERS M, EVES A, et al. Factors influencing tourist food consumption [J]. International Journal of Hospitality Management, 2012, 31 (3): 928-936.

[77] MAN G, JONES E. Community-based tourism enterprises development in Kenya: An exploration of their potential as avenues of poverty reduction [J]. Journal of Sustainable Tourism, 2007, 15 (6): 628-644.

[78] MARCHAND M H, PARPART J L. Feminism Postmodernism Development [M]. Routledge, 1995.

[79] Maruyama N, Woosnam K M. Residents' ethnic attitudes and support for ethnic neighborhood tourism: the case of a Brazilian town in Japan[J]. Tourism Management, 2015, 50(10): 225-237.

[80] MASON P, CHEYNE J. Residents' attitudes to proposed tourism development[J]. Annals of Tourism Research, 2000, 27(2): 391-411.

[81] Mbaiwa J E. Enclave tourism and its socio-economic impacts in the Okavango Delta, Botswana[J]. Tourism Management, 2005, 26(2): 157-172.

[82] MCGEHEE N G, ANDERECK K L. Factors predicting rural residents' support for tourism[J]. Journal of Travel Research, 2004, 11(43): 131-140.

[83] MCGILLIVRAY D. Fitter, happier, more productive: Governing working bodies through wellness[J]. Culture and Organization, 2005, 11(2): 125-138.

[84] Mendozaramos A, Prideaux B. Assessing ecotourism in an Indigenous community: Using, testing and proving the wheel of empowerment framework as a measurement tool[J]. Journal of Sustainable Tourism, 2018, 26(2): 277-291.

[85] Movono A, Dahles H. Female empowerment and tourism: a focus on businesses in a Fijian village[J]. Asia Pacific Journal of Tourism Research, 2017, 22(6): 681-692.

[86] MURPHY P. Tourism: A Community Approach[M]. New York: Methuen, 1985: 155-176.

[87] MURPHY P. Tourism: A Community Approach[M]. New York: Methuen, 1985: 179-190.

[88] NAWIJN J, MITAS O. Resident attitudes to tourism and their effect on subjective well-being: The case of Palma de Mallorca[J]. Journal of Travel Research, 2012, 51(5): 531-541.

[89] Nunez T A. Tourism, Tradition, and Acculturation: Weekendismo in a Mexican Village[J]. Ethnology, 1963, 2(3): 347-352.

[90] NUNKOO R, GURSOY D. Residents' support for tourism: An identity perspective[J]. Annals of Tourism Research, 2012, 39(1): 243-268.

[91] OZTURK A, OZER O, Caliskan U. The relationship between local residents' perceptions of tourism and their happiness: A case of Kusadasi, Turkey[J]. Tourism

Review, 2015, 70 (3): 232-242.

[92] Pan Y, Wang X, Ryan C. Chinese seniors holidaying, elderly care, rural tourism and rural poverty alleviation programmes [J]. Journal of Hospitality and Tourism Management, 2021 (46): 46: 134-143.

[93] Panzer-Krause S. The lost rural idyll? Tourists' attitudes towards sustainability and their influence on the production of rural space at a rural tourism hotspot in Northern Ireland [J]. Journal of Rural Studies, 2020 (80): 235-243.

[94] Park D B, Lee K W, Choi H S, et al. Factors influencing social capital in rural tourism communities in South Korea [J]. Tourism Management, 2012, 33 (6): 1511-1520.

[95] Park D B, Yoon Y S. Segmentation by motivation in rural tourism: A Korean case study [J]. Tourism Management, 2009, 30 (1): 99-108.

[96] Ragin C. Redesigning Social Inquiry: Fuzzy Set and Beyond [M]. Chicago: University of Chicago Press, 2008.

[97] Rappaport J. Terms of empowerment/exemplars of prevention: toward a theory for community psychology [J]. American Journal of Community Psychology, 1987, 15 (2): 121-148.

[98] RIBEIRO M A, PINTO P, SILVA J A, et al. Residents' attitudes and the adoption of pro-tourism behaviours: The case of developing island countries [J]. Tourism Management, 2017 (61): 523-537.

[99] Rid W, Ezeuduji I O, Probstl H U. Segmentation by motivation for rural tourism activities in The Gambia [J]. Tourism Management, 2014 (40): 102-116.

[100] Risjord M. Philosophy of Social Science: A Contemporary Introduction [M]. New York: Routledge, 2014.

[101] RODRIGUEZ R M, GRAHAME K M. Understanding food access in a rural community an ecological perspective [J]. Food Culture & Society, 2016, 19 (1): 171-194.

[102] Saxena G, Libery B. Integrated rural tourism a border case study [J]. Annals of Tourism Research, 2008, 35 (1): 233-254.

[103] Scheyvens R. Ecotourism and the empowerment of local communities [J].

Tourism Management, 1999, 20 (2): 245-249.

[104] SCHEYVENS R. Exploring the tourism-poverty nexus [J]. Current Issues in Tourism, 2007, 10 (2/3): 231-254.

[105] ŠEGOTA T, MIHALIČ T, KUŠČER K. The impact of residents' informedness and involvement on their perceptions of tourism impacts: The case of Bled [J]. Journal of Destination Marketing & Management, 2017, 6 (3): 196-206.

[106] SIRIVONGS K, TSUCHIYA T. Relationship between local residents' perceptions, attitudes and participation towards national protected areas: A case study of Phou Khao Khouay National Protected Area, central Lao PDR [J]. Forest Policy and Economics, 2012 (21): 92-100.

[107] Smith M D, Krannich R S. Tourism dependence and resident attitudes [J]. Annals of Tourism Research, 1998, 25 (4): 783-802.

[108] SMITH M K, DIEKMANN A. Tourism and wellbeing [J]. Annals of Tourism Research, 2017 (66): 1-13.

[109] SNAITH T, HALEY A. Residents' opinions of tourism development in the historical city of York England [J]. Tourism Management, 1999, 20 (5): 595-603.

[110] Sofield T H B. Empowerment for Sustainable Tourism Development [M]. Oxford: Pergamon, 2003.

[111] SOJA E. Postmodern geographies: the reassertion of space in critical social theory [M]. London: Verso, 1989: 76-93.

[112] SUESS C, BALOGLU S, BUSSER J A. Perceived impacts of medical tourism development on community wellbeing [J]. Tourism Management, 2018 (69): 232-245.

[113] STETS J E, BIGA C F. Bringing identity theory into environmental sociology [J]. Sociological Theory, 2003, 21 (4): 398-423.

[114] Strzelecka M, Boley B B, Strzelecka C. Empowerment and resident support for tourism in rural Central and Eastern Europe (CEE): the case of Pomerania, Poland [J]. Journal of Sustainable Tourism, 2017, 25 (4): 554-572.

[115] Strzelecka M, Boley B B, Woosnam, Kyle M. Place attachment and empowerment: Do residents need to be attached to be empowered? [J]. Annals of

Tourism Research, 2017, 66（9）: 61-73.

［116］TELFER D J, WALL G. Linkages between tourism and food production［J］. Annals of Tourism Research, 1996, 23（3）: 635-653.

［117］TOSUN C. Expected nature of community participation in tourism development［J］. Tourism Management, 2006, 27（3）: 493-504.

［118］TORRES R. Linkages between tourism and agriculture in Mexico［J］. Annals of Tourism Research, 2003, 30（3）: 546-566.

［119］TRONCOS C A, ARZENO M B. Turismo, gastronomía y producción agraria en la provincia de Jujuy（Argentina）: actores, dinámicas y transformaciones asociadas a la valorización de productos tradicionales［J］. Investigaciones Turisticas, 2019（18）: 169-192.

［120］TRUONG V D, HALL C M, GARRY T. Tourism and poverty alleviation: Perceptions and experiences of poor people in Sapa, Vietnam［J］. Journal of Sustainable Tourism, 2014, 22（7）: 1071-1089.

［121］Trupp A, Sunanta S. Gendered practices in urban ethnic tourism in Thailand［J］. Annals of Tourism Research, 2017（64）: 76-86.

［122］Van E N J P, Waltman L. VOSviewer: A computer program for bibliometric mapping［J］. Social Science Electronic Publishing, 2009, 84（2）: 523-538.

［123］VARGASSÁNCHEZ A, PORRASBUENO N. Explaining residents' attitudes to tourism: Is a universal model possible?［J］. Annals of Tourism Research, 2011, 38（2）: 460-480.

［124］VIGNOLES V L, CHRYSSOCHOOU X, BREAKWELL G M. The distinctiveness principle: Identity, meaning, and the bounds of cultural relativity［J］. Personality and Social Psychology Review, 2000, 4（4）: 337-354.

［125］Wakil M A, Sun Y, Chan E. Co-flourishing: Intertwining community resilience and tourism development in destination communities［J］. Tourism Management Perspectives, 2021（3）.

［126］WANG H, YANG Z, CHEN L, et al. Minority community participation in tourism: A case of Kanas Tuva villages in Xinjiang, China［J］. Tourism Management, 2010, 31（6）: 759-764.

[127] WANG S, BICKLE M, HARRILL R. Residents' attitudes toward tourism development in Shandong, China [J]. International Journal of Culture Tourism & Hospitality Research, 2010, 4 (4): 327-339.

[128] WANG S, CHEN J S. The influence of place identity on perceived tourism impacts [J]. Annals of Tourism Research, 2015 (52): 16-28.

[129] WANG S, XU H. Influence of place-based senses of distinctiveness, continuity, self-esteem and self-efficacy on residents' attitudes toward tourism [J]. Tourism Management, 2015 (47).

[130] WANG Y, SHEN H, YE S, et al. Being rational and emotional: An integrated model of residents' support of ethnic tourism development [J]. Journal of Hospitality and Tourism Management, 2020 (44): 112-121.

[131] Weaver D B. The vacation farm sector in Saskatchewan: a profile of operations [J]. Tourism Management, 1997, 18 (6): 357-365.

[132] WESTER-HERBER M. Underlying concerns in land-use conflicts: The role of place identity in risk perception [J]. Environmental Science & Policy, 2004, 7 (2): 109-116.

[133] WRIGHT J K. Terrae Incognita: The place of imagination in geography [J]. Annals of the Association of American Geographers, 1947 (37): 1-15.

[134] ZHANG H, LEI S L. A structural model of residents' intention to participate in ecotourism: The case of a wetland community [J]. Tourism Management, 2012, 33 (4): 916-925.

[135] ZHANG Q, CHURCHILLl S A. Income inequality and subjective wellbeing: Panel data evidence from China [J]. China Economic Review, 2020 (60): 1-24.

[136] ZHANG X B, YANG J, THOMAS R. Mechanization outsourcing clusters and division of labor in Chinese agriculture [J]. China Economic Review, 2017 (43): 184-195.

[137] ZHANG X Y, SONG H Y. An integrative framework for collaborative forecasting in tourism supply chains [J]. International Journal of Tourism Research, 2018, 20 (2): 158-171.

[138] Zimmerman M A. Taking aim on empowerment research: on the distinction

between psychological and individual conceptions［J］. American Journal of Community Psychology，1990，18（1）：169-177.

［139］ZUCCO F D，LIMBERGER P F，FARIAS F，et al. The relationship of subjective well-being in residents' perceptions of the impacts of overtourism in the city of Blumenau，Santa Catarina，Brazil［J］. Sustainability，2020，12（5）：1-11.

［140］安传艳，李同昇，翟洲燕，等.1992—2016年中国乡村旅游研究特征与趋势——基于CiteSpace知识图谱分析［J］.地理科学进展，2018，37（9）：1186-1200.

［141］白凯，杜涛.民族旅游社区治理：概念关联与内部机制［J］.思想战线，2014（5）.

［142］伯努瓦·里豪克斯，查尔斯·C.拉金.QCA设计原理与应用：超越定性与定量研究的新方法［M］.杜运周，李永发，译.北京：机械工业出版社，2017.

［143］白素均.基于社区增权的乡村旅游扶贫研究［D］.西安外国语大学，2017.

［144］保继刚，陈苑仪，马凌.旅游资源及其评价过程与机制：技术性评价到社会建构视角［J］.自然资源学报，2020，35（7）：1556-1569.

［145］保继刚，孙九霞.雨崩村社区旅游：社区参与方式及其增权意义［J］.旅游论坛，2008，（4）：58-65.

［146］保继刚，杨兵.旅游开发中旅游吸引物权的制度化路径与实践效应——以"阿者科计划"减贫试验为例［J］.旅游学刊，2022，37（1）：18-31.

［147］包军军，白凯.自我认同建构的旅游介入影响研究——以拉萨"藏漂"为例［J］.旅游学刊，2019，34（7）：31-45.

［148］陈瑞萍.乡村旅游的商品化、真实性及文化生态发展路径［J］.农业经济，2017（2）：53-55.

［149］陈晓华，鲍香玉.旅游开发对徽州传统村落保护发展影响研究［J］.原生态民族文化学刊，2018，10（2）：100-107.

［150］陈志永，杨桂华，陈继军，等.少数民族村寨社区居民对旅游增权感知的空间分异研究——以贵州西江千户苗寨为例［J］.热带地理，2011，31（2）：216-222.

［151］成升魁，李云云，刘晓洁，等.关于新时代我国粮食安全观的思考［J］.自然资源学报，2018，33（6）：911-926.

[152] 成志芬，唐顺英，华红莲．大运河（北京段）传统村落居民对运河文化的认知及认同研究——以通州三个传统村落为例［J］．北京联合大学学报（人文社会科学版），2018，16（2）：36-46．

[153] 丛晓男．耦合度模型的形式、性质及在地理学中的若干误用［J］．经济地理，2019，39（4）：18-25．

[154] 党云晓，张文忠，余建辉，等．北京居民主观幸福感评价及影响因素研究［J］．地理科学进展，2014，33（10）：1312-1321．

[155] 党云晓，张文忠，谌丽，等．居民幸福感的城际差异及其影响因素探析——基于多尺度模型的研究［J］．地理研究，2018，37（3）：539-550．

[156] 邓辉，郭碧君．民族旅游村寨精准扶贫的产业形态与经营模式——基于湖北武陵山片区两个典型民族旅游村寨的调查［J］．中南民族大学学报（人文社会科学版），2020，40（6）：135-142．

[157] 邓静，徐邓耀，周光美，等．丘陵地区乡村旅游与新型城镇化关系研究——以四川省南充市为例［J］．中国农业资源与区划，2020，41（3）：278-286．

[158] 丁敏，李宏．旅游社区增权理论研究综述［J］．首都师范大学学报（自然科学版），2016，37（3）：71-76．

[159] 窦银娣，李嘉玲，李伯华．传统村落居民对文化传承的感知意向与影响因素分析——以湖南省皇都侗文化村为例［J］．资源开发与市场，2020，36（11）：1267-1272．

[160] 范莉娜．民族传统村落村民文化适应的维度研究——基于黔东南三个侗族村寨的实证研究［J］．旅游导刊，2018（6）．

[161] 费广玉，陈志永．民族村寨社区政府主导旅游开发模式研究——以西江千户苗寨为例［J］．贵州教育学院学报，2009，20（6）：28-35．

[162] 冯晓华，孟晓敏．喀纳斯景区少数民族居民旅游影响感知及旅游参与初探［J］．城市发展研究，2013，20（1）：103-107．

[163] 冯章献．边境少数民族地区乡村旅游扶贫的问题与出路——来自吉林省延边州的经验［J］．旅游导刊，2019，3（1）：86-90．

[164] 傅利平，贾才毛加．公共服务满意度、社会资本与居民主观幸福感关系研究——基于中国综合社会调查（CGSS）2013的实证分析［J］．天津大学学报（社会科学版），2017，19（4）：321-326．

［165］高倩.乡村旅游地居民主观幸福感研究［D］.南京大学，2011.

［166］高延雷，张正岩，魏素豪，等.城镇化对中国粮食安全的影响——基于省区面板数据的实证分析［J］.资源科学，2019，41（8）：1462-1474.

［167］高园.旅游目的地居民主观幸福感的外在影响因素研究——基于海南国际旅游岛的实证调查［J］.生态经济，2012（11）：86-90.

［168］高云峰，徐友宁，祝雅轩，等.矿山生态环境修复研究热点与前沿分析——基于VOSviewer和CiteSpace的大数据可视化研究［J］.地质通报，2018，37（12）：24-33.

［169］戈大专，龙花楼，张英男，等.中国县域粮食产量与农业劳动力变化的格局及其耦合关系［J］.地理学报，2017，72（6）：1063-1077.

［170］葛世帅，曾刚，杨阳，等.黄河经济带生态文明建设与城市化耦合关系及空间特征研究［J］.自然资源学报，2021，36（1）：87-102.

［171］郭迪，鲁小波，丁玉娟.近十年国内外社区参与旅游研究综述［J］.世界地理研究，2015，24（2）：148-157.

［172］郭晋媛.山西传统村落旅游开发动力机制研究——基于民俗学视角［J］.技术经济与管理研究，2019（2）：122-128.

［173］郭凌，王志章.制度嵌入性与民族旅游社区参与——基于对泸沽湖民族旅游社区的案例研究［J］.旅游科学，2014，28（2）：12-22；48.

［174］郭凌，王志章，朱天助.社会资本与民族旅游社区治理——基于对泸沽湖旅游社区的实证研究［J］.四川师范大学学报（社会科学版），2015（1）.

［175］郭为，黄卫东，寇敏，等.通往富裕的道路：藏民的旅游非正规就业——对青海湖周边藏民就业情况的调研［J］.旅游导刊，2017，1（3）：39-50；121.

［176］郭文，杨桂华.民族旅游村寨仪式实践演变中神圣空间的生产——对翁丁佤寨村民日常生活的观察［J］.旅游学刊，2018，33（5）：92-103.

［177］郭向阳，穆学青，明庆忠.边疆省域旅游效率空间分异及驱动因素——以云南省为例［J］.世界地理研究，2020，29（2）：416-427.

［178］郭占锋，李铁星，张森，黄民杰.村庄市场共同体的形成与农村社区治理转型——基于陕西袁家村的考察［J］.中国农村观察，2021（1）.

［179］韩国圣，吴佩林，黄跃雯，等.山地旅游发展对社区居民的去权与形成机制——以安徽天堂寨旅游区为例［J］.地理研究，2013，32（10）：1948-1963.

[180] 韩磊, 乔花芳, 谢双玉, 等. 恩施州旅游扶贫村居民的旅游影响感知差异 [J]. 资源科学, 2019, 41 (2): 177-189.

[181] 何建民. 改革开放 40 年中国旅游业发展的基本规律与管理原理 [J]. 旅游学刊, 2019, 34 (1): 1-3.

[182] 何景明. 国外乡村旅游研究述评 [J]. 旅游学刊, 2003, 18 (1): 76-80.

[183] 何小芊, 龚胜生, 胡娟, 等. 基于不同尺度的湘鄂赣地区传统村落空间分异及影响因素 [J]. 长江流域资源与环境, 2019, 28 (12): 2857-2866.

[184] 何星. 乡村振兴背景下民族地区旅游扶贫中的生态化建设——以阿坝州为例 [J]. 云南民族大学学报 (哲学社会科学版), 2019, 36 (2): 73-79.

[185] 胡跃中. 浅议楠溪江风景名胜区资源保护与利用 [J]. 旅游学刊, 2001 (3): 44-47.

[186] 黄燕, 赵振斌, 张铖, 陈幺. 旅游社区价值空间构成与人群差异 [J]. 旅游学刊, 2016 (9).

[187] 贾垚焱, 胡静, 刘大均, 等. 中国省域生态-文化-旅游协调发展时空分异及影响因素研究 [J]. 世界地理研究, 2021, 30 (3): 620-631.

[188] 姜磊, 陈星宇, 朱竑. 中国城市养老院的空间分布特征及其分异成因 [J]. 地理学报, 2021, 76 (8): 1951-1964.

[189] 蒋莉, 黄静波. 罗霄山区旅游扶贫效应的居民感知与态度研究——以湖南汝城国家森林公园九龙江地区为例 [J]. 地域研究与开发, 2015, 34 (4): 99-104.

[190] 孔翔, 吴栋, 张纪娴. 社区参与模式下的传统村落旅游空间生产及影响初探——基于苏州东山陆巷古村的调研 [J]. 世界地理研究, 2019, 28 (6): 156-165.

[191] 兰金秋, 于立新, 王会战. 革命老区旅游精准扶贫制度增权的比较研究——以梁家河村和康坪村为例 [J]. 旅游导刊, 2019 (3).

[192] 李伯华, 刘沛林, 窦银娣, 等. 中国传统村落人居环境转型发展及其研究进展 [J]. 地理研究, 2017, 36 (10): 1886-1900.

[193] 李东, 王玉清, 陈玥彤, 等. 社区嵌入式目的地居民主观幸福感探测与亲旅游行为研究——正、负影响感知的调节效应 [J]. 地域研究与开发, 2020, 39 (4): 109-114.

[194] 李锋. 乡村价值嵌入视角下的旅游精准扶贫新考量 [J]. 旅游导刊, 2017, 1 (6): 1-17; 105.

［195］李佳，田里．连片特困民族地区旅游扶贫效应差异研究——基于四川藏区调查的实证分析［J］．云南民族大学学报（哲学社会科学版），2016，33（6）：96-102.

［196］李建豹，黄贤金，揣小伟，等．江苏省人口城镇化与能源消费CO_2排放耦合协调度时空格局及影响因素［J］．经济地理，2021，41（5）：57-64.

［197］李杰，陈超美．CiteSpace：科技文本挖掘及可视化（第2版）［M］．北京：首都经济贸易大学出版社，2017：85.

［198］黎洁，高岚．乡村旅游对农户农林业生产和外出务工影响研究——基于陕西22个旅游扶贫村农户调查数据［J］．人文地理，2019，34（4）：143-151.

［199］李军，蒋焕洲．经济空间重构：传统村落旅游利益分配正义的西江样本［J］．中南民族大学学报（人文社会科学版），2020，40（4）：112-118.

［200］李强．少数民族村寨旅游的社区自主和民族文化保护与发展——以云南泸沽湖与青海小庄村为例［J］．贵州民族研究，2010，31（2）：106-112.

［201］李瑞，吴孟珊，殷红梅，等．民族村寨旅游地居民社区权能感知测度与优化对策——以贵州省西江苗寨和天龙屯堡为例［J］．西北师范大学学报（自然科学版），2017，53（4）：107-115.

［202］李瑞，吴殿廷，殷红梅，等．民族村寨旅游地居民满意度影响机理模型与实证——以社区、政府和企业力量为导向模式的比较研究［J］．地理学报，2016，71（8）：1416-1435.

［203］李雯．贫困县域旅游精准扶贫居民感知效应实证研究［J］．财经理论研究，2020（6）：55-63.

［204］李西香．主客之间：乡村地区外来常住者的群体特性与日常交往研究——以鲁中中郝峪村为例［J］．民俗研究，2020（3）：126-135.

［205］李小云，王颖，朱景霞．旅游开发背景下传统村落老年人居环境研究——基于三个村落的调研［J］．装饰，2019（8）：132-133.

［206］李燕琴．旅游扶贫村寨社区压力应对的ABCD-X模式——以中俄边境村落室韦为例［J］．旅游学刊，2015，30（11）：40-50.

［207］李燕琴．旅游扶贫中社区居民态度的分异与主要矛盾——以中俄边境村落室韦为例［J］．地理研究，2011，30（11）：2030-2042.

［208］李雨凌，马雯秋，姜广辉，等．中国粮食主产区耕地撂荒程度及其对粮食

产量的影响[J].自然资源学报,2021,36(6):1439-1454.

[209]梁增贤.主观幸福感的理论源流及其在旅游研究中的应用:一个批判性文献综述[J].旅游导刊,2019,3(3):71-92.

[210]林志慧,刘宪锋,陈瑛,等.水—粮食—能源纽带关系研究进展与展望[J].地理学报,2021,76(7):1591-1604.

[211]刘军,马勇.旅游可持续发展的视角:旅游生态效率的一个综述[J].旅游学刊,2017,32(9):47-56.

[212]刘静艳,李玲.公平感知视角下居民支持旅游可持续发展的影响因素分析——以喀纳斯图瓦村落为例[J].旅游科学,2016,30(4):1-13.

[213]刘美辰.城市社区居民垃圾分类政策参与影响因素研究[D].华侨大学,2018.

[214]刘沛林.古村落——独特的人居文化空间[J].人文地理,1998(1):34-37.

[215]刘沛林.论"中国历史文化名村"保护制度的建立[J].北京大学学报(哲学社会科学版),1998(1):80-87;158.

[216]刘逸,黄凯旋,保继刚,等.嵌入性对古村落旅游地经济可持续发展的影响机制研究——以西递、宏村为例[J].地理科学,2020,40(1):128-136.

[217]卢冲,耿宝江,庄天慧,等.藏区贫困农牧民参与旅游扶贫的意愿及行为研究——基于四川藏区23县(市)1320户的调查[J].旅游学刊,2017,32(1):64-76.

[218]鲁明勇.旅游产权制度与民族地区乡村旅游利益相关者行为关系研究[J].中南民族大学学报(人文社会科学版),2011,31(2):40-45.

[219]罗海平,邹楠,胡学英,等.1980—2019年中国粮食主产区主要粮食作物气候生产潜力与气候资源利用效率[J].资源科学,2021,43(6):1234-1247.

[220]罗秋菊,丁绍莲,潘珂.外来饮食文化影响下广州本地居民地方身份建构过程的代际差异[J].地理研究,2018,37(9):1762-1774.

[221]吕龙,吴悠,黄睿,等."主客"对乡村文化记忆空间的感知维度及影响效应——以苏州金庭镇为例[J].人文地理,2019,34(5):69-77;84.

[222]马东艳.旅游增权、社区参与和公平感知的关系研究——以四川理县桃坪羌寨为例[J].中央民族大学学报(哲学社会科学版),2015,42(4):104-111.

［223］马锡栋，张志豪，都铭．基于在地文化的传统村落保护与活化利用方法研究——以浙江省安吉县鄣吴村为例［J］．小城镇建设，2021，39（2）：76-84.

［224］马勇，张梦．乡村旅游助推乡村振兴的价值提升［J］．旅游导刊，2019，3（1）：82-86.

［225］潘秋玲，李九全．社区参与和旅游社区一体化研究［J］．人文地理，2002，17（4）：38-41.

［226］潘植强，梁保尔，吴玉海，等．社区增权：实现社区参与旅游发展的有效路径［J］．旅游论坛，2014，7（6）：43-49.

［227］裴锦泽．农户参与休闲农业的行为及影响因素分析——以闽侯县白沙镇为例［D］．福建农林大学，2017.

［228］彭继权，吴海涛，汪为．农业机械化水平对农户主粮生产的影响［J］．中国农业资源与区划，2021，42（1）：51-59.

［229］彭晓烈，高鑫．乡村振兴视角下少数民族特色村寨建筑文化的传承与创新［J］．中南民族大学学报（人文社会科学版），2018，38（3）：60-64.

［230］蒲新微，衡元元．还权、赋能、归位：群众制度化参与社区治理之路［J］．南京社会科学，2021（2）．

［231］任路．协商民主：村民自治有效实现的路径转换与机制重塑［J］．中共浙江省委党校学报，2016（5）．

［232］单菲菲，高敏娟．社区治理绩效的内涵、框架与实现路径——基于20个案例的模糊集定性比较分析［J］．上海行政学院学报，2020（5）．

［233］时少华，李享．传统村落旅游发展中信任与利益网络效应研究——以北京市爨底下村为例［J］．旅游学刊，2019，34（9）：30-45.

［234］粟路军，唐彬礼．旅游地居民生活质量：研究回顾与未来展望［J］．旅游学刊，2020，35（6）：78-95.

［235］苏莹莹，孙业红，闵庆文，等．中国农业文化遗产地村落旅游经营模式探析［J］．中国农业资源与区划，2019，40（5）：195-201.

［236］孙剑锋，李世泰，纪晓萌，等．山东省文化资源与旅游产业协调发展评价与优化［J］．经济地理，2019，39（8）：207-215.

［237］孙九霞，保继刚．社区参与的旅游人类学研究：阳朔遇龙河案例［J］．广西民族学院学报（哲学社会科学版），2005（1）：85-92.

[238] 孙九霞，黄凯洁，王学基. 基于地方实践的旅游发展与乡村振兴 [J]. 旅游学刊，2020，35（3）：39-49.

[239] 孙九霞. 旅游人类学的社区旅游与社区参与 [M]. 北京：商务印书馆，2009：76；241.

[240] 孙琳，邓爱民，张洪昌. 民族传统村落旅游活化的困境与纾解——以黔东南州雷山县为例 [J]. 贵州民族研究，2019，40（6）：53-58.

[241] 孙鑫，汪侠，刘丹丽，等. 基于文献计量分析法的国内外旅游扶贫研究现状与展望 [J]. 旅游导刊，2017，1（5）：55-67；116.

[242] 唐兵，惠红. 民族地区原住民参与旅游开发的法律赋权研究——兼与左冰、保继刚商榷 [J]. 旅游学刊，2014，29（7）：39-46.

[243] 唐志鹏. 中国省域资源环境的投入产出效率评价 [J]. 地理研究，2018，37（8）：1515-1527.

[244] 陶长江. 彝族火把节对社区成员族群认同的影响——基于多族群认同测量（MEIM）的运用 [J]. 旅游导刊，2020（5）.

[245] 汪侠，甄峰，沈丽珍，等. 基于贫困居民视角的旅游扶贫满意度评价 [J]. 地理研究，2017，36（12）：81-94.

[246] 王华，郑艳芬. 遗产地农村社区参与旅游发展的制度嵌入性——丹霞山瑶塘村与断石村比较研究 [J]. 地理研究，2016，35（6）：1164-1176.

[247] 王纯阳，黄福才. 从"社区参与"走向"社区增权"——以开平碉楼与村落为例 [J]. 人文地理，2013，28（1）：141-149.

[248] 王纯阳，屈海林. 村落遗产地社区居民旅游发展态度的影响因素 [J]. 地理学报，2014，69（2）：278-288.

[249] 王金伟，孙爽. 乡村旅游"因旅致贫"现象：呈现形式与路径选择 [J]. 旅游导刊，2019，3（1）：90-93.

[250] 王进，周坤. 旅游扶贫中贫困人口的权力认知研究——基于"赋权-限权"角度 [J]. 旅游科学，2017，31（5）：32-45.

[251] 王灵恩，王磊，钟林生，等. 国内外旅游食物消费研究综述 [J]. 地理科学进展，2017，36（4）：513-526.

[252] 王美知，魏凤. 哈萨克斯坦粮食生产效率动态演进及区域差异 [J]. 自然资源学报，2021，36（3）：594-605.

[253] 王蓉, 黄朋涛, 胡静, 等. 基于网络游记的婺源县乡村旅游体验研究 [J]. 资源科学, 2019, 41 (2): 372-380.

[254] 王素洁, 刘海英. 国外乡村旅游研究综述 [J]. 旅游科学, 2007, 21 (2): 61-68.

[255] 王铁, 李梅, 孙德健, 等. 农户参与乡村旅游的前因条件与组态路径——基于QCA方法的探索 [J]. 旅游学刊, 2021, 36 (3): 70-82.

[256] 王维艳. 社区参与旅游发展制度增权二元分野比较研究 [J]. 旅游学刊, 2018, 33 (8): 58-67.

[257] 王翔. 共建共享视野下旅游社区的协商治理研究——以鼓浪屿公共议事会为例 [J]. 旅游学刊, 2017 (10).

[258] 王小明. 传统村落价值认定与整体性保护的实践和思考 [J]. 西南民族大学学报 (人文社会科学版), 2013, 34 (2): 156-160.

[259] 王小强. 大数据推进社区治理和服务创新的路径 [J]. 人民论坛, 2021 (12).

[260] 王晓阳, 赵之枫. 传统乡土聚落的旅游转型 [J]. 建筑学报, 2001 (9): 8-12.

[261] 王新越, 芦雪静, 朱文亮. 我国主要旅游城市旅游业发展影响因素分析与评价 [J]. 经济地理, 2020, 40 (5): 198-209.

[262] 王新越, 宋飐, 宋斐红, 等. 山东省新型城镇化的测度与空间分异研究 [J]. 地理科学, 2014, 34 (9): 1069-1076.

[263] 王亚娟. 社区参与旅游的制度性增权研究 [J]. 旅游科学, 2012, 26 (3): 18-26+94.

[264] 王跃梅, 姚先国, 周明海. 农村劳动力外流、区域差异与粮食生产 [J]. 管理世界, 2013 (11): 67-76.

[265] 王兆峰, 向秋霜. 基于MOA模型的武陵山区社区居民参与旅游扶贫研究 [J]. 中央民族大学学报 (哲学社会科学版), 2017, 44 (6): 94-102.

[266] 温忠麟, 侯杰泰, 张雷. 调节效应与中介效应的比较和应用 [J]. 心理学报, 2005, 37 (2): 268-274.

[267] 吴艾凌, 姚延波, 吕兴洋. 旅游者幸福感的持续性机制研究——基于理论竞争的研究方法 [J]. 旅游科学, 2020, 34 (6): 1-15.

[268] 伍国勇, 张启楠, 张凡凡. 中国粮食生产效率测度及其空间溢出效应[J]. 经济地理, 2019, 39(9): 207-212.

[269] 魏红妮, 朱竑. 旅游研究中的学术动态剖析——基于 Annals of Tourism Research 的可视化图谱样本分析[J]. 旅游导刊, 2018, 2(3): 41-65.

[270] 魏雷, 孙九霞. 少数民族旅游社区现代性的本土化实践——以泸沽湖大落水村为例[J]. 旅游学刊, 2017, 32(10): 47-56.

[271] 吴必虎, 徐小波. 传统村落与旅游活化: 学理与法理分析[J]. 扬州大学学报(人文社会科学版), 2017, 21(1): 5-21.

[272] 吴开军, 卜晓薇. 古村落旅游"生产-生活-生态"空间重构与优化研究——以广州小洲村为例[J]. 旅游导刊, 2021(2).

[273] 吴平. 美丽乡村建设中传统村落保护与营建——以贵州省黔东南州为例[J]. 中南民族大学学报(人文社会科学版), 2020, 40(6): 27-33.

[274] 武晓英, 李辉, 李伟. 社区参与旅游发展的利益分配机制研究——以西双版纳民族旅游地为例[J]. 北京第二外国语学院学报, 2014, 36(11): 59-67.

[275] 向富华. 乡村旅游开发: 城镇化背景下"乡村振兴"的战略选择[J]. 旅游学刊, 2018, 33(7): 16-17.

[276] 邢占军, 张羽. 社会支持与主观幸福感关系研究[J]. 社会科学研究, 2007(6): 9-14.

[277] 熊鹰, 许方政, 刘丹, 魏晓, 侯珂伦. 中国农村社区研究进展及展望[J]. 人文地理, 2021(2).

[278] 徐丙奎, 李佩宁. 社区研究中的国家-社会、空间-行动者、权力-治理——近年来有关社区研究文献述评[J]. 华东理工大学学报(社会科学版), 2012(5).

[279] 徐辰, 杨槿, 陈雯. 赋权视角下的乡村规划社区参与及其影响分析——以陈庄为例[J]. 地理研究, 2019, 38(3): 605-618.

[280] 徐虹, 王彩彩. 新时代下的乡村旅游研究再思考[J]. 旅游导刊, 2018(3).

[281] 徐莉, 马阳, 孙艳. 旅游扶贫背景下民族社区治理的多元权力结构探究[J]. 西南民族大学学报(人文社科版), 2018(10).

[282] 徐曼. 乡村振兴战略下传统村落活态保护与策略研究——基于河南 X 县的

实证分析[J].农业经济,2019(1):49-51.

[283] 徐雨晴,於琍,周波涛,等.气候变化背景下未来中国气候生产潜力时空动态格局[J].干旱区资源与环境,2019,33(9):72-80.

[284] 许汉泽,李小云.精准扶贫:理论基础、实践困境与路径选择——基于云南两大贫困县的调研[J].探索与争鸣,2018(2):106-111;143.

[285] 许忠伟,曾玉文.经济欠发达地区居民对2022年冬奥会的感知及支持度研究——以张家口市居民为例[J].旅游导刊,2019,3(6):48-63.

[286] 鄢方卫,杨效忠,舒伯阳,等.乡村旅游地人居环境演变过程与机制研究——以徽杭古道为例[J].旅游学刊,2019,34(10):93-105.

[287] 阎嘉.文学研究中的文化身份与文化认同问题[J].江西社会科学,2006(9):62-66.

[288] 闫留超.江南传统村落的人居环境观研究[D].华南理工大学,2018.

[289] 颜子明,杜德斌,刘承良,等.西方创新地理研究的知识图谱可视化分析[J].地理学报,2018,73(2):362-379.

[290] 杨进,钟甫宁,陈志钢,等.农村劳动力价格、人口结构变化对粮食种植结构的影响[J].管理世界,2016(1):78-87.

[291] 杨勇,邓祥征,李志慧,等.2000—2015年华北平原土地利用变化对粮食生产效率的影响[J].地理研究,2017,36(11):2171-2183.

[292] 殷伟,姚成胜,黄琳.我国粮食生产与经济发展耦合协调性的时空演变[J].中国农业资源与区划,2020,41(11):110-121.

[293] 于洪雁,刘继生.供给侧改革背景下的黑龙江省旅游需求和旅游供给耦合协调发展[J].地理科学,2017,37(9):1374-1381.

[294] 杨秋宁.贫困地区女性居民对旅游扶贫效应感知研究[D].广西大学,2016.

[295] 姚忠,吴永明,辛在军,等.基于社区参与的乡村全域旅游开发实证研究——以南昌南矶乡为例[J].中国农业资源与区划,2020,41(2):290-297.

[296] 尹寿兵,刘云霞.风景区毗邻社区居民旅游感知和态度的差异及机制研究——以黄山市汤口镇为例[J].地理科学,2013,33(4):427-434.

[297] 于涛方,顾朝林.人文主义地理学——当代西方人文地理学的一个重要流派[J].地理学与国土研究,2000(2):68-74.

[298] 余志远, 赵星会, 李淼. 旅游目的地居民地方感: 理论、方法与研究热点 [J]. 北华大学学报（社会科学版）, 2020, 21 (5): 73-84; 153.

[299] 余志远, 赵星会, 梁春媚. 社区旅游参与视角下民族村寨旅游地居民地方感生成研究 [J]. 旅游导刊, 2021 (1).

[300] 张丹婷, 邢占军. 旅游与民众幸福感 [J]. 旅游学刊, 2019, 34 (7): 1-3.

[301] 张广瑞. 关于旅游业的 21 世纪议程——实现与环境相适应的可持续发展 [J]. 旅游学刊, 1998 (2): 50-54.

[302] 张洪昌, 舒伯阳. 乡村振兴中的旅游开发模式演进机制研究——以郎德苗寨为例 [J]. 西北民族大学学报（哲学社会科学版）, 2018, 228 (6): 75-81.

[303] 张机. 旅游开发中社会公平及其维度的逻辑框架构建 [J]. 旅游导刊, 2017, 1 (5): 1-16; 112.

[304] 张利国, 鲍丙飞. 我国粮食主产区粮食全要素生产率时空演变及驱动因素 [J]. 经济地理, 2016, 36 (3): 147-152.

[305] 张琳, 杨珂. 旅游发展下村民对传统村落景观的依恋感知研究——以云南沙溪寺登村为例 [J]. 风景园林, 2020, 27 (12): 104-109.

[306] 张敏敏, 傅新红. 民族旅游开发对乡村身份认同的影响研究——以川、滇交界处的泸沽湖景区为例 [J]. 西南民族大学学报（人文社科版）, 2020, 41 (1): 31-38.

[307] 张荣荣, 宁晓菊, 秦耀辰, 等. 1980 年以来河南省主要粮食作物产量对气候变化的敏感性分析 [J]. 资源科学, 2018, 40 (1): 137-149.

[308] 张旭, 魏福丽, 袁旭梅. 中国省域高质量绿色发展水平评价与演化 [J]. 经济地理, 2020, 40 (2): 108-116.

[309] 张学志, 才国伟. 收入、价值观与居民幸福感——来自广东成人调查数据的经验证据 [J]. 管理世界, 2011 (9): 71-81.

[310] 张彦, 于伟. 主客冲突对旅游目的地居民心理幸福感的影响——基于山东城市历史街区的研究 [J]. 经济管理, 2014, 36 (4): 117-125.

[311] 张振龙, 陈文杰, 沈美彤, 等. 苏州传统村落空间基因居民感知与传承研究——以陆巷古村为例 [J]. 城市发展研究, 2020, 27 (12): 1-6.

[312] 赵磊, 方成, 吴向明. 旅游发展、空间溢出与经济增长——来自中国的经验证据 [J]. 旅游学刊, 2014, 29 (5): 16-30.

［313］赵雪雁，杜昱璇，李花，等．黄河中游城镇化与生态系统服务耦合关系的时空变化［J］．自然资源学报，2021，36（1）：131-147.

［314］甄霖，王超，成升魁．1953—2016年中国粮食补贴政策分析［J］．自然资源学报，2017，32（6）：904-914.

［315］中共中央办公厅 国务院办公厅印发《关于加强和改进乡村治理的指导意见》［EB/OL］．http：//www.gov.cn/zhengce/2019-06/23/content_5402625.htm，2019-6-23.

［316］中华人民共和国乡村振兴促进法［EB/OL］．http：//www.npc.gov.cn/npc/c30834/202104/8777a961929c4757935ed2826ba967fd.shtml，2021-4-29.

［317］中华人民共和国住房和城乡建设部．传统村落保护发展："中国方案"获世界称赞［EB/OL］．https：//www.mohurd.gov.cn/xinwen/gzdt/201909/20190906_241693.html.

［318］中华人民共和国住房和城乡建设部．住房城乡建设部：经调查上报的传统村落仅占行政村1.9%［EB/OL］．［2021-05-05］.https：//www.mohurd.gov.cn/xinwen/gzdt/201310/20131018_215910.html.

［319］仲俊涛，米文宝，侯景伟，等．改革开放以来宁夏区域差异与空间格局研究——基于人口、经济和粮食重心的演变特征及耦合关系［J］．经济地理，2014，34（5）：14-20；47.

［320］郑群明．城乡统筹发展应重视乡村旅游的作用［J］．旅游学刊，2011，26（12）：11-12.

［321］周林刚．激发权能理论：一个文献的综述［J］．深圳大学学报（人文社会科学版），2005，22（6）：45-50.

［322］周尚意，唐顺英，戴俊骋．"地方"概念对人文地理学各分支意义的辨识［J］．人文地理，2011，26（6）：10-13；9.

［323］朱竑，钱俊希，吕旭萍．城市空间变迁背景下的地方感知与身份认同研究——以广州小洲村为例［J］．地理科学，2012，32（1）：18-24.

［324］朱佳玮，孙文章，岳秀峰．基于滨海环境资源特点的大连旅游承载状态评价［J］．地理科学，2021，41（4）：664-673.

［325］朱玉熹．民族地区旅游开发中的社区增权问题研究［D］．西南财经大学，2011.

［326］朱媛媛，汪紫薇，罗静，等．中国中部重点农区新型城镇化与粮食安全耦

合协调发展研究——以河南省为例［J］.地理科学，2021，41（11）：1947-1958.

［327］邹君，朱倩，刘沛林.基于解释结构模型的旅游型传统村落脆弱性影响因子研究［J］.经济地理，2018，38（12）：219-225.

［328］左冰，保继刚.从"社区参与"走向"社区增权"——以开平碉楼与村落为例［J］.旅游学刊，2008，23（4）：58-63.

［329］左冰.旅游增权理论本土化研究——云南迪庆案例［J］.旅游科学，2009，23（2）：1-8.

［330］左神曼.新疆民族社区参与生态旅游发展研究［D］.新疆师范大学，2014.